더바이브

더 바이브

초 판 1쇄 2022년 01월 27일
초 판 5쇄 2024년 08월 27일

엮은이 이하영
펴낸이 류종렬

펴낸곳 미다스북스
본부장 임종익
편집장 이다경, 김가영
디자인 윤가희, 임인영
책임진행 이예나, 김요섭, 안채원

등록 2001년 3월 21일 제2001-000040호
주소 서울시 마포구 양화로 133 서교타워 711호
전화 02) 322-7802~3
팩스 02) 6007-1845
블로그 http://blog.naver.com/midasbooks
전자주소 midasbooks@hanmail.net
페이스북 https://www.facebook.com/midasbooks425
인스타그램 https://www.instagram.com/midasbooks

람보르기니 타는 부처를 위하여

THE VIBE

Vivid Imagination with Belief of Equalization

더 바이브

이하영

소망을 현실로 만드는 영감의 에너지
당신의 삶을 뒤흔들 기적의 힘, 바이브(VIBE)!

미다스북스

CONTENTS

Vivid Imagination with Belief of Equalization

1장

착각

01

이 사람 살려낼 약이 없을까요?

"선상님, 우리 할배가 농약을 먹었수다. 농약을."

새벽 3시, 세상이 잠들어 있는 시간이다. 나도 잠시 당직실 책상에 엎드려 있었다. '따르릉' 전화벨이 울렸다. 소리에 깬 건지, 습관적으로 눈을 뜬 건지 내 손에 수화기가 들려 있었다.

'여보세요.' '선생님, 농약 환자예요.'

그라목손이었다. 독성이 워낙 강해 입에 닿기만 해도 사망에 이르는 농약이었다. 할아버지는 할머니와 심하게 다투었다고 한다.

평소에도 종종 부부 싸움을 했다고 한다. 그러다 억한 감정을 참지 못하고 농약을 마셨다. 막걸리 5병을 마신 후였다. 하필 그라목손 이었다. 정말 죽으려고 마신 걸까? 아니면 죽을 만큼의 억울함을 할머니에게 보여주려 한 것일까? 아니 그는 농약을 마신 사실을 기억이나 할 수 있을까? 이유는 알 수 없었다. 할아버지는 3일 뒤 세상을 떠났기 때문이다.

"할머니, 잘 들으세요. 일단 할아버지 굉장히 위독한 상태세요. 먼저 위세척을 할 건데, 주변 가족이나 자식분들에게 전화하셔서 지금 상황을 알려주세요."

"뭐래요? 농약 먹고 다 뱉었수다. 그냥 링게루나 맞히고 기운 좀 나면 돼요. 우리 집에 갈라요."

죽음이나 암 같은 인생의 가장 힘든 선고 앞에서 우리는 비슷한 반응을 보인다. 부정한다. 의사가 잘못 알고 있거나, 진단이 잘못 되었다고 생각한다. 나에게 그런 일이 생길 수 없다고 생각한다. 나처럼 착하게 세상을 살아온 사람에게 그럴 수 없다고 생각한다. 그리고 분노한다. 왜 나에게 이런 일이 생겼는지, 왜 하필 나인지.

할머니도 똑같은 모습이었다. 할아버지에게 분노했다. 27년간 한 번도 듣지 못한 욕을 쏟아냈다. 나에게도 빨리 집에 가도록 해달라며 화를 내셨다. 수납 직원에게도 빨리 보내달라고 소리 지르고, 급기야 주변의 집기들을 던지고 계셨다.

이럴 때마다 혼란스럽다. 계속 치료하는 게 맞는 것인가? 보내드려야 하는 게 맞는 것인가? 그라목손 반병을 드신 분을 치료한다고 좋아질까? 그렇다고 아무런 치료 없이 퇴원시켜야 하나?

머리는 혼란스럽지만, 몸은 기계적으로 움직였다. 위세척을 하고 있었다. 20여 분의 세척 후, 원무과에서 전화가 왔다. "선생님. 이분, 전에도 술 먹고 응급실 왔던 분인데 미납금이 많아서 더 이상 치료를 받으실 수 없으세요." 상황은 종료됐다.

TV 드라마나, 영화 속 의사는 이럴 때 어떻게 행동할까? 의사의 본분을 지키기 위해 원무과 직원의 말을 무시하고, 치료를 계속해나간다. 의사가 되기 위해 고생했던 과거와 의사가 되려고 한 기억의 순간을 오버랩하며 보여준다. 하지만 현실은 다르다. 나는 파견 나온 인턴 선생일 뿐이고, 일개 직원일 뿐이다. 시스템 안에서 돌아가는 작은 톱니바퀴 같은 존재다.

"사정은 알겠지만, 검사나 치료를 조금 더 할 수 없을까요?"

"그럼 선생님이 향후 치료비를 내실래요?"

현실은 냉혹하다. 원무과 직원의 목소리는 차가웠다. 그렇다고 그를 미워할 수는 없었다. 그 또한 작은 톱니바퀴일 뿐이었다.

"할머니, 퇴원시켜 드릴게요. 하지만 옆에서 잘 지켜봐드리세요. 그리고 자식분들 지금 전화해서 다 오시라고 하세요. 언제 나빠지실지 모르니깐요. 할아버지 지금 아주 위독한 상태세요."

"선상님, 우리 할배 죽어요? 나랑 둘이 사는데 울 할배 죽으면 나는 우짠교. 우리 할배 살려주소. 우리 할배 살려줄 약이 없는교?"

할아버지는 3일 후 돌아가셨다. 퇴원 후 호흡 곤란으로 바로 입원하셨고, 중환자실에서 인공호흡기에 의지한 채 이틀을 버티다가 운명하셨다. 할머니의 울음과 자식들의 허망한 눈빛이 20년 가까운 시간 동안 잊히지 않는다. 할아버지를 살려줄 약은 과연 없었을까?

의사들은 일반인들보다 죽음을 자주 직면한다. 응급실은 물론이고, 병동에서도 마찬가지다. 수술실에서 깨어나지 못하거나 중환자실에서 죽음을 맞이하는 경우도 있다. 검사실에서도 약물에 대한 알레르기 반응으로 죽음을 만난다. 죽음을 자주 본다고 죽음에 익숙해지는 것은 아니다. 오히려 죽음을 자주 대할수록 삶에 대한 허무와 무상함이 커지는 경우도 많다. 의사들의 자살률이 일반인들보다 높은 이유다.

죽음을 생각하며 삶의 의미를 찾을 여유는 없었다. 매일매일 바쁘게 돌아가던 전공의(인턴, 레지던트) 시절에는 그저 또 다른 이름의 죽음만을 반복할 뿐이었다. 생과 사의 거리는 너무나 가까웠다. 그의 숨결이 한 줌의 바람이 되는 순간에도 우리는 그저 죽음의 객관적 관찰자로만 존재했다. 죽음의 의미와 실체를 고민하기에 삶은 고단했다. 너무 피곤했고 그만큼 졸렸고 그 생활에 익숙해져 있었다. 죽음은 일상이 되어가고 있었다. 그분의 죽음을 막을 수는 없었을까? 어느덧 할머니의 눈물은 기억의 조각으로 서서히 사라지고 있었다.

죽음에 대한 관점이 바뀐 것은 전혀 다른 곳이었다. 꿈이었다.

나는 화목한 가정의 멋진 가장이었다. 사랑스러운 아내와 날 닮은 아들과 저녁을 먹는 중이었다. 호텔의 스카이라운지였다. 가을 저녁에 어울릴 만한 음악이 우리를 감싸고 있었다. 위아래로 맛있게 스모크된 스테이크가 앞에 있었다. 그 향에 취해 나이프를 손에 들었다. 건물을 덮치고 있는 거대한 파도는 내 눈에 들어오지 않았다.

갑자기 들이닥친 쓰나미에 건물은 무너졌다. 나는 한순간 물에 잠긴 채, 구원의 손길만 뻗고 있었다. 그 누구든 내 손을 잡아주길 기다리며, 죽음을 맞이하고 있었다. 고요한 죽음의 적막 속에 심장의 박동 소리만 귀에 맴돌 뿐이었다.

나는 눈을 감고 손을 뻗었다. 물속에서 내 손을 잡아줄 누군가를 기다렸다. 죽음에서 나를 건져줄 그를 기다렸다. 얼마나 지났을까? 정신이 몽롱해지기 시작했다. 시야가 흐려졌다. 색이 사라지고, 빛이 희미해졌다. 숨소리가 잦아들고, 박동이 느려졌다. 점점 바닥으로 내려가는 느낌이었다. 조용해졌다. 그러다 그가 나타났다. 내 손을 꽉 잡은 그의 손길이 느껴졌다. 내 손을 잡고, 내 팔꿈치를 당겨주었다. 나를 힘차게 위로, 삶의 세계로 당겨주었다. 그리고는 그는 사라졌다. 그리고 잠에서 깨어났다.

잠에서 깨어났지만, 꿈에서 깨어날 수는 없었다. 그 생생함에 심장은 뛰고, 온몸은 땀으로 흥건했다. 그는 누구였을까? 내가 물속에 있을 거라고는 그 누구도 알 수 없었다. 그 상황에서 나를 건져낸 그는 누구일까? 내 아내일까? 내 친구? 구급 대원? 아니면 우연히 그곳을 지나던 사람?

그렇지 않았다. 내가 물속에 빠져 있다는 사실을 아는 사람은 단한 사람이었다. 그 사람뿐이었다. 물속에 빠진 나를 바라보는 자, 물속에서 죽어가는 나를 인식한 사람, 나를 바라보는 또 다른 자, 그는 바로 나였다.

· · ·

우리는 매일 꿈을 꿉니다. 왕이 되기도 하고, 여왕이 되기도 하며, 재벌이나 연예인이 되기도 합니다. 일상의 직장인이 되기도 하고, 전쟁터의 군인이 되기도 합니다. 로또에 당첨되거나, 우주여행을 하기도 하죠. 하지만 우리는 알고 있습니다. 꿈에서는 내가 주인공이지만, 나를 바라보는 또 다른 내가 있다는 것을 말이죠. 꿈속의 나는 주연이기도 조연이기도 하지만, 그 나를 바라보는 또 다른 나이기도 합니다.

꿈에서는 활동하는 나도 있지만, 그 활동을 바라보는 나도 존재합니다. 꿈이라는 영화 속 배우인 나와 꿈을 관찰하는 관객으로서의 나, 이렇게 두 명의 '나'가 존재합니다. 1인칭의 주연과 3인칭의 관객. 어느 것이 진정한 나일까요?

저는 이때가 시작이었습니다. 새로운 생각이 떠오르기 시작했습니다. 삶에 존재하는 두 개의 눈을 알게 되었습니다. 세상을 보는 눈과 그 눈을 바라보는 또 다른 눈. 이 두 개의 눈은 꿈이 아닌 일상에서도 존재하고 있었습니다. 세상을 보는 나(i)와 그런 나를 바라보는 나(i), 이 둘은 나의 세계에 늘 공존하고 있었습니다. 항상 함께하는 존재였습니다.

우리에게는 두 명의 '나'가 있습니다. 몸을 가진 '나'와 그런 나를 바라보는 또 다른 '아이.' 그러나 진정한 '나'의 존재는 현실세계의 '나'가 아닌, 나를 바라보는 '아이'임을 알게 될 것입니다. 나는 삶이라는 궤도에 얽매여, 탄생과 죽음을 거치게 됩니다. 하지만 육체 너머의 아이는 늘 나를 바라보고 있기에 탄생과 죽음마저 관찰하고 있습니다. 사실은 탄생과 죽음 너머에 머물러 있습니다.

죽음은 우리에게 늘 두려움의 대상입니다. 저도 그랬고, 이 글을 읽는 독자 여러분도 마찬가지일 것입니다. 하지만 우리가 현실을 살아가는 '나'를 벗어나, 나를 바라보는 또 다른 '아이'를 인지하고, 그 '아이'가 '나'임을 알 때, 죽음은 더 이상 두려움의 존재가 아닙니다. 죽음도 단순한 인식의 대상으로 바라볼 수 있게 됩니다.

삶과 죽음의 과정을 거치는 현실세계의 '나'를 넘어, 아이의 세상으로 여러분을 안내해드리겠습니다. 여러분은 단지 죽음을 두려워하는 작은 '나'가 아님을 알려줄 것입니다. 그리하여 당신 안에 존재하는 무한한 힘을 지닌 아이를 만나게 해줄 것입니다. 결국 여러분이 아이임을 알게 될 것입니다. 이제 시작해볼까요. 여러분을 바라보고 있는, 여러분의 아이와 함께 이 여정을 시작해봅시다.

02

이미지 세상에 입문하다

얼마 전 점심시간이었습니다. 저는 친구와 김치찌개를 먹고 있었습니다. 친구도 같은 메뉴를 먹고 있었죠. 문득 친구에게 물어보았습니다.

"너 뭐 먹고 있어?"

"뭐긴 김치찌개지."

"확실해?"

"응, 당연하지."

"왜?"

"왜긴, 김치찌개를 먹고 있으니깐?"

"진짜야?"

"아 놔, 왜 이래, 너 아직 술이 덜 깼어?"

김치찌개를 먹고 있는 여러분에게 '왜'라고 물으면 여러분은 뭐라고 답할 건가요?

'그냥. 그냥 김치찌개를 먹고 있으니까.'라는 답을 할 겁니다. 그냥 먹고 있으니까 당연히 그렇다고 말할 겁니다. '그럼 1초 전에 먹던 김치찌개는 무엇일까요?'

1초 전에 먹고 있던 것도 김치찌개가 확실합니다. 그때부터 지금까지 시간이 이어졌기 때문입니다. 1초 전 상황과 지금의 상황은 연결됩니다. 그렇다면 1초 전의 상황은 무엇일까요? 그것은 '과거'라는 상황입니다. 그럼 '과거'는 무엇일까요? 계속 질문하니 머리가 복잡한가요. 답을 알려드리겠습니다. '과거'는 기억이라는 도구를 이용해 인식하는 마음속 이미지입니다. 김치찌개를 먹던 이미지를 기억하여 마음 속 스크린에 방영한 것이 과거입니다. 1초 전의 과거는 내 마음속 하나의 이미지, 즉 심상입니다.

이 심상이라는 과거가 현재와 연결되어 있습니다. 지금의 김치찌개를 만들고 있습니다. 인정할 수 있나요? 과거가 원인이고 현재가 결과라면 심상이 원인이고 김치찌개가 결과로 나타납니다. 그리고 지금의 김치찌개는 1초 후의 김치찌개를 만들 것입니다. 먹고 있던 김치찌개가 갑자기 된장찌개로 바뀌지는 않습니다.

자, 여러분 미래는 무엇일까요? 미래는 상상이라는 도구를 이용해 인식하는 이미지입니다. 내가 1초 후에도 김치찌개를 먹고 있을 거라는 상상의 이미지가 미래입니다. 미래도 마음의 스크린에 비추는 하나의 심상일 뿐입니다. 이 미래의 심상도 현재의 김지씨개가 연결된 것입니다. 시간은 연결성을 가지고 흐르기 때문입니다.

어딘가 이상하지 않습니까? 과거는 이미지고, 현재는 실체고, 미래는 이미지인데, 이 세 가지가 연결될 수 있을까요? 이미지가 실체를 만들고, 실체가 이미지를 만든다면, 눈앞에 있는 김치찌개는 실제로 존재하는 것일까요? 김치찌개는 하나의 사물로서 존재하는 것이 맞나요? 김치찌개는 심상이 아닌 물상이라 말할 수 있을까요?

과거의 심상이 현재의 물상으로 연결되고, 현재의 물상이 미래의 심상과 연결되고 있습니다. 우리가 김치찌개라 생각하는 그 실체는 마음의 이미지에서 시작하여, 현재의 이미지로 비쳐지고, 곧 미래의 이미지로 연결되고 있습니다. 눈앞의 김치찌개는 하나의 마음속 이미지인 것입니다. 내 앞의 김치찌개는 실체로서, 실제로 존재하는 게 아닙니다. 내 마음속 생각일 뿐입니다. 내가 김치찌개를 보는 게 아니라 내가 내 생각을 보고 있는 겁니다. 내 앞에 김치찌개가 있다는 그 생각을 보고 있습니다.

처음에는 받아들이기가 쉽지 않습니다. 저도 이 세상을 접했을 때, 그 놀라움에 가슴이 뛰었다기보다, 내가 무슨 착각을 하나 싶었습니다. 하지만 시간이 지날수록, 깨달음이 많아질수록, 이 앎은 변하지 않았습니다. 오히려 직관적으로 알게 된 세상의 진리를 나의 경험을 통해 확신하게 되었습니다. 그리고 이제는 당연한 앎으로 받아들이고 있습니다. 저에게 세상은 하나의 이미지일 뿐입니다. 그것은 여러분의 세상도 마찬가지입니다. 세상은 홀로그램입니다.

인류의 문화유산인 동서양의 경전을 보면, 이미 많은 스승들은 세상의 진리를 알고 있었습니다. 우리에게 제대로 전달되지 않았을 뿐입니다. 몇몇 종교 지도자나, 영성 수련가, 그리고 종교 경전을 통해서만 전해지고 있었습니다. 그들은 세상의 비밀을 간직한채, 침묵으로 세상을 마무리한 경우가 많았습니다. 하지만 세상에 펼쳐지는 존재의 실상과 그 세상을 창조하는 아이의 역할에 대해 설파한 스승도 있었습니다. 그들 중에 한 분이 석가입니다.

석가는 한마디로 "세상은 환영이다."라고 규정했습니다. 내 앞에 보이는 세상, 이 우주 삼라만상이 꿈속의 이미지라 말했습니다. 마음속 심상이 세상의 실체라 전했습니다. 꿈속의 이미지와 눈앞에 세상은 같은 것이라 말했습니다.

'일체유위법 여몽환포영', 불교경전 『금강경』에 나오는 문구입니다. 인식되는 세상의 모든 것은 꿈속의 환영이라는 의미입니다. 이미 2,500년 전에 그는 세상의 모습, 삼라만상의 본질, 존재의 실상을 깨달은 것입니다. 세상은 이미지입니다.

세상은 심상입니다. 세상은 마음속 이미지일 뿐입니다. 내 마음속 세상을 우리는 매 순간 보고 있습니다. 세상이 내 마음속 이미지라면, 내가 보는 이 세상은 내 마음속 공간일 뿐입니다. 우리는 우리 마음속 공간을 매일 바라보고 있습니다.

우리는 우리가 보는 것을 믿을 필요가 없습니다. 우리는 우리가 그렇다고 믿는 것을 볼 뿐입니다. 우리의 마음을 볼 뿐입니다. 우리 생각이 우리 앞에 펼쳐져 있습니다. 생각이 현실을 만들고, 마음이 만물을 만드는 이유입니다. 사고가 사물을 만드는 진실은 이미 우리에게 전해져 내려오는 세상의 진리였습니다.

세상은 심상이 드러난 것입니다. 내 마음속 세상을 나의 눈이 관찰하고 있습니다. 내면의 투사가 현실의 인지를 만드는 것이죠. 여러분 한 분 한 분이 우주인 이유입니다. 여러분 마음이 세상을 만들기 때문입니다. 심상과 물상은 같은 것입니다. 물상은 존재하지 않습니다.

눈앞의 스마트폰을 한번 바라보세요. 그것은 여러분의 마음이 만들어낸 스마트폰의 이미지입니다. 세상의 진리를 마음에 품은 채 다시 한번 들여다보세요. 여러분의 스마트폰은 없습니다.

$$03$$

스마트폰은 없다

여러분의 스마트폰은 없습니다. 앞서 말했듯 스마트폰의 실체는 없습니다. 이미지의 현상만이 드러날 뿐입니다. 하지만 받아들이기는 쉽지 않습니다. 눈앞에는 여전히 스마트폰이 있고, 단단하고 딱딱한 무언가가 만져지기 때문입니다. 눈에 보이고 손으로 만져지는 이 물건이 마음속 심상이라는 사실이 납득되지 않습니다. 저도 그랬습니다.

갈릴레오 갈릴레이를 아시나요? 그가 법원을 빠져나오면서 말한 "그래도 지구는 돈다."라는 말은 우리에게 잘 알려져 있습니다. 1600년대 세상 사람들은 태양이 지구를 돈다고 생각했습니다. 당시는 천동설이 그들의 사고 체계였습니다. 그것을 반박한 이가 코페르니쿠스였습니다. 그는 즉시 이단이 되었고 그의 지동설은 이적시되었습니다. 이것을 알고 있던 갈릴레이는 목숨의 위협을 느꼈고 지동설이 잘못된 이론이라 말하며 법원을 빠져나옵니다. 하지만 그는 알고 있었습니다. 지구가 태양을 돌고 있었습니다.

그 당시 우리가 살고 있었다면 '지구가 태양을 돌고 있다'는 말에 콧방귀를 뀌었을 겁니다. 우리도 천동설을 믿었기 때문이죠. '스마트폰이 없다'는 명제도 마찬가지입니다. 아직은 태양이 돌고 있는 세상입니다. 언젠가 세월이 지나고 많은 사람들의 인식이 변할 때, 세상은 환영이고, 삶은 꿈이라는 진실이 세상에 드러날 것입니다.

코페르니쿠스적 전환이 필요합니다. 천동설에서 지동설로의 변화만큼, 인식의 혁명적 전환이 필요합니다. '코페르니쿠스적 전환'은 독일의 철학자 임마누엘 칸트가 했던 말입니다.

1724년에 태어난 칸트는 서양 근대 철학의 중심이었습니다. 그의 관념론은 기존의 합리론과 경험론을 극복하고 이를 종합한 것으로 알려져 있습니다. 말이 어렵지만 쉽게 풀이하자면, 앞서 말한 '이미지 세상'에 대한 이야기입니다. '세상을 인식하는 방법'에 대한 연구가 관념론입니다.

석가가 말한 "세상은 환영이다."라는 개념을 그는 연구했습니다. 칸트는 세상을 인식의 주체와 대상, 그리고 인식 과정으로 설명하고 있습니다. 인식의 대상인 스마트폰은 인식의 원인이 아니라 인식의 결과라는 것이죠. 즉 내 마음속 스마트폰이 스마트폰으로 나타난 것이지, 스마트폰이 실제로 존재하고 그것을 내가 본 것이 아니라고 말합니다. 사물은 원인이 아니라 결과인 것입니다. 있기 때문에 본 것이 아니라, 봤던 기억이 그것을 있게 합니다.

칸트의 관념론은 '스마트폰이 존재한다.'라는 실재론을 부정한 것입니다. 세상은 나와 분리될 수 없고, 내 마음속 이미지가 세상이라는 결론을 짓고 있습니다. 눈앞의 세계는 그저 내면의 이미지가 현상된 것이라 말하고 있습니다. 칸트가 말한 코페르니쿠스적 전환입니다.

그래도 받아들이기는 쉽지 않습니다. 아직도 단단한 폰이 만져지기 때문입니다. 눈앞에는 스마트폰이 보이기 때문입니다. 그렇다면 조금 더 자세히 폰을 들여다볼까요? 미시의 세계로 들어가 보겠습니다.

스마트폰은 사물입니다. 스마트폰을 망치로 깨뜨려볼까요. 실제로 그렇게 할 필요는 없습니다. 가정이죠. 스마트폰은 산산이 부서집니다. 그 조각을 더 작게 깨트려 모래처럼 미세하게 만들어보겠습니다. 이제 더 작은 형태인 먼지로 갈아보겠습니다. 더 이상 들어가면 눈으로 볼 수 없습니다. 이제는 현미경의 도움을 받아야 합니다. 드디어 '분자'라는 것이 등장합니다. 세상 만물은 분자로 이루어져 있습니다. 그리고 분자는 원자의 결합으로 구성됩니다. 원자는 핵과 전자로 이루어져 있으며 핵이 중심에 자리 잡고 있습니다. 핵 주변으로 전자가 일정한 확률을 가진 채 궤도 여기저기에 나타나고 있습니다. 우리가 어릴 때 배웠던 내용입니다.

'원자는 비어 있다'는 말을 들어본 적 있습니까? 수소 원자로 예를 들어보겠습니다. 잠실 운동장에 비유하자면 수소 핵은 운동장 한가운데 위치한 500원짜리 동전입니다. 전자는? 전자는 운동장 펜스를 따라 돌고 있는 한 마리 개미입니다. 그 사이는? 그 사이는 비어 있습니다. 부피로 따지자면 99.9999% 이상 비어 있습니다. 텅 빈 공간 가운데 핵이 있고, 바깥쪽으로 전자가 발견되는 모습이 원자입니다. 그래서 원자는 비어 있습니다. 원자가 비어 있으면,

분자도 비어 있습니다. 분자가 비어 있으면, 분자가 만드는 조각도 비어 있습니다. 그리고 조각이 만드는 스마트폰도 비어 있는 것입니다.

하지만 비어 있다고 없는 것은 아닙니다. 빈 공간 속에는 눈에 보이지 않는 전자기력이 작용하고 있습니다. 그리고 핵 바깥에 위치한 전자들은 음전하를 띠고 있습니다. 우리가 물건을 만지거나 스마트폰을 두드릴 때 느껴지는 단단함은 바깥 전자들의 척력과 내부의 전자기력 때문입니다. 내 손가락의 음전하와 스마트폰의 음전하가 서로 밀어내고 있습니다. 이 척력의 느낌이 전기신호로 전환되어 우리의 뇌는 '단단하다'라는 해석을 낳습니다. 결국 비어 있는 스마트폰은 단단한 스마트폰으로 둔갑됩니다. 그리고 우리는 그것을 실체라 믿고 있습니다. 그리고 그것을 사실로 받아들이고 있습니다. 그것이 우리의 세계관입니다. 우리의 세계에서 스마트폰은 단단하고 딱딱하게 존재합니다. 아직도 태양은 지구를 돌고 있습니다.

여러분, 스마트폰은 없습니다. 스마트폰의 실체는 없습니다. 스마트폰은 비어 있고, 이미지만 존재하고 있습니다. 스마트폰을 만들어내는 홀로그램의 세상 안에 우리는 살고 있습니다. 단단한 사물이라 여겼던 스마트폰은 무상이고 심상일 뿐입니다. 우리 의식이 만들어낸 환상이고 환영임을 여러분이 실감했으면 좋겠습니다.

아이의 세상에서 스마트폰은 존재합니다. 우리의 심층 무의식에 스마트폰의 이미지는 우리의 생각처럼 존재하고 있습니다. 그 이미지가 우리의 현실에 투영되고 있습니다. 아이의 마음속 공간에 관념의 이미지로 스마트폰은 존재합니다. 그 심상이 지금 우리 앞에 스마트폰을 만들고 있습니다. 내가 아닌 아이가 만들고 있습니다. 스마트폰이 이미지임을 실감할 수 없는 이유는 하나입니다. 내가 느끼려 하기 때문입니다. 나는 아이(i)가 만든 또 다른 스마트폰일 뿐입니다. 나 또한 심상일 뿐입니다. 나는 세상을 인식하는 인식의 주체가 아니라, 아이가 만든 인식의 대상입니다.

나는 삶이라는 영화 속 주인공일 뿐입니다. 영화 속 스마트폰은 실체가 아니라 영상입니다. 하지만 영화 속 주인공은 영상인 스마트폰을 인지할 수 없습니다. 그에게는 스마트폰은 실체입니다. 실제로 존재하는 작동하는 폰입니다. 등장인물과 통화하고, 문자를 보내고, 인터넷 서치를 합니다. 그들에게 스마트폰은 진실입니다. 절대로 환영이나 환상이 아닙니다. 영상이나 이미지가 아닙니다.

우리는 이미지 세상에 있습니다. 그 속에서 꿈꾸고 있습니다. 커다란 홀로그램 안에서 우리는 시간을 보내고 있습니다. 그리고 그 환영이 실체라 믿으며 살고 있습니다. 꿈에서 깨어나면 그 꿈은 사라집니다. 그제서야 그 꿈이 허상임을 알게 됩니다. 삶이라는 꿈에서 깨어날 때, 여러분은 세상의 진실을 알게 될 것입니다. 조금씩 깨어날 겁니다. 저도 그랬고, 여러분도 그럴 것입니다. 꿈속에 있는 여러분을 세상으로 꺼내드리겠습니다.

영화 〈매트릭스〉를 보셨나요? 주인공 네오가 그랬듯, 여러분도 세상의 진실과 조우하게 될 겁니다. 그때 매트릭스 밖에서 세상을 볼 수 있는 눈이 생기게 됩니다. 세상이 환영임을 알게 될 것입니다. 준비되셨나요? 이제 빨간 약을 먹을 시간입니다.

04

색즉시공의 진실

'카톡!' 화요일 오전이었다. 전날 수술한 드레싱 환자로 정신없는 일정이었다. 월간 회의마저 계획되어 있어 출근길을 서둘렀다. 아침 8시, 친한 동생이 카톡을 보내왔다. 최근 SNS상에 유행하는 정신 연령 테스트였다.

'얘는 아침부터 무슨 이런 쓸데없는.' 카톡을 닫고 운전에 집중했다. '카톡!' 카카오톡 알람이 한 번 더 울렸다. '아놔, 무음 설정을 안 했네.'

정신없는 오전을 보내고 점심시간이 되었을 때, 동생에게 전화가 왔다.

"형, 어떻게 나왔어요?"

"뭐가?"

"아침에 보내준 정신 연령 테스트!"

그게 그렇게 중요한가 보다. 결과를 카톡으로 보내준다는 말과 함께 전화를 끊었다. 테스트를 하나씩 풀어나갔다. 10번인가 11번 문제에서 웃음이 나왔다. '색즉시공'의 뜻을 묻는 문제였다.

'색즉시공.' 여러분은 이 단어를 접하면 무슨 생각이 드는가? 석가가 말한 무아, 무념 사상이 떠오르는가? '물질은 비어 있다' 개념이 먼저 떠오르는가? 다른 무언가가 떠오르지 않는가? 세상의 실체를 표현한 이 단어는 우리에게 어떤 의미로 다가올까. 바로 영화 제목이다.

〈색즉시공〉은 임창정, 하지원 주연의 2002년 개봉작이었다. 관객 수 420만 명을 모은, 당대 최고의 히트작 중 하나였다. 주인공이었던 임창정과 하지원은 물론이고, 조연으로 나왔던 진재영, 최성국, 유채영은 이 영화로 인해 연기와 인기 면에서 한 발짝 발돋움할 수 있는 계기를 마련했다. 수없이 많은 명장면과 명대사로 인해 청소년 관람 불가 등급에도 불구하고 많은 인기를 모았다. 성에 대한 껄쭉한 농담과 한 사람에 대한 순애보를 잘 버무려 새로운 한국판 섹스 코미디라는 장르를 개척하였다. 그런데 왜 '색즉시공'인가? 세상이 실재하는 모습과 이 영화가 무슨 관련이 있을까? 왜 영화의 줄거리와는 무관해 보이는 이런 제목을 붙였을까?

우선 '색즉시공(色卽是空)'의 원래의 뜻을 알아보자. '색즉시공'은 빛 색(色), 곧 즉(卽), 옳을 시(是), 빌 공(空)으로 이루어진 글자다. 여기서 색은 눈에 비치는 세상 만물을 뜻하고, 공은 물질이 차지하는 공간이 비어 있음을 의미한다. 색은 비어 있다는 이야기다. 만물은 실체가 없고 비어 있다는 뜻이다. 불교의 『반야심경』에 나오는 단어로, 세상에 존재하는 삼라만상은 일시적인 색만 지닐 뿐, 알맹이는 없다는 가르침이다. '세상은 홀로그램이다'는 말이다. 석가가 전하고자 하는 진리의 핵심 내용이다. 만물은 비어 있다. 색즉시공 공즉시색.

· · ·

'나는 누구인가?'라는 질문에 대해 불교에서는 이렇게 말하고 있습니다. "'나'는 '오온의 가화합'에 붙여진 이름이다." 여기서 말하는 '오온'은 불교에서 말하는 다섯 가지 요소를 말합니다. 여기에는 색(色), 수(受), 상(想), 행(行), 식(識)이 있습니다. 각각의 의미를 말씀드리면 색은 인간의 모습인 신체를 말하고, 수는 느낌, 즉 바이브를 말하고 있습니다. 상은 말 그대로 이미지를 지칭하며, 행은 의도, 의지 작용을 그리고 식은 의식을 의미합니다. 오온은 신체와 정신과 의식을 아우르는 단어들입니다.

다시 정리해보면 나라는 것은 이 다섯 가지 요소와 가화합된 상태라 말합니다. '가화합'이란 가짜로 화합된 상태, 즉 임시로 연결된 상태를 의미합니다. 어떤 조건에 의해 일시적으로 결합된 모습을 지칭합니다. 결국 나라는 것은 신체든, 느낌이든, 이미지든, 의도든, 의식이든 다섯 가지 요소 중 하나와 잠깐 동일시된 모습으로 나타나고 거기에 임시로 붙여진 이름이라고 정의합니다. 그리고 '가화합'이기에 결합된 어떤 조건이 사라지면 오온도 사라지고, 나라는 존재도 없어진다는 뜻입니다. 다섯 가지 요소 중, 지속적으로 연결되어 나타나는 것은 없다는 이야기입니다. 결국 '나라는 것도 세상 만물과 마찬가지로 실체가 없는 것입니다. 나도 비어 있는 것, 공에 해당합니다. 여기에 등장하는 단어가 바로 '무아'입니다.

'무아(無我).' 무아는 글자 그대로 해석하면 내가 없다는 뜻입니다. 겉으로만 읽으면 내가 존재하지 않는다는 말처럼 보이지만 사실은 내가 비어 있다는 뜻입니다. 나의 실체가 없다는 의미입니다. '무아'는 산스크리트어 아나트만(anatman)에서 유래한 단어입니다. 아트만(atman)이라는 말이 '실체가 있는 나'를 뜻하는데, 여기에 부정의 접두어 'an'이 붙은 것입니다. '나의 실체가 없는 상태'가 바로 아나트만인 것이죠. 이 아나트만이 전해져 번역된 단어가 '무아'입니다. 나는 실체가 없이 비어 있다는 말입니다.

세상은 실체가 없으며, 나도 비어 있습니다. 나와 연결되어 나타나는 '오온'도 일시적으로 나타났다가 소멸하는 존재입니다. 특별한 인연과 일시적 조건에 의해 오온이 나로 잠시 드러날 뿐입니다. 세상이 그렇듯 나도 마찬가지입니다.

$\cdots$

그럼 다시 영화로 돌아와보자. 왜 이 영화에 '색즉시공'이라는 이름이 붙었을까? 윤제균 감독은 한 인터뷰에서 이렇게 말했다. "영화 〈색즉시공〉에는 분명한 메시지를 담고 싶었다. 그것은 사랑은 장난이 아니라는 것이다." 사랑은 장난이 아니었다는 의미와 색즉시공에 어떤 관련성이 있을까? 어떤 연결 고리가 있는 걸까? 잘 이해되지 않았다. 색즉시공의 뜻을 알고 붙인 것이 맞을까? 사랑이 장난이 아니면 사랑은 진실이다. 뭐 그런 내용인가? 그러다 〈색즉시공〉의 부제를 보았다. 'Sex Is Zero.' 색즉시공이었다.

섹스는 0이다. 섹스는 공으로 봐야 옳다는 윤제균 감독의 영화적 해석이었다. 그의 통찰이 놀랍다. 어떻게 이렇게 바라볼 수 있을까? 섹스는 공이다. 섹스에 집착하지 말라는 뜻이다. 섹스의 본질은 없으며, 섹스의 모습, 느낌, 이미지, 의도와 의식은 일시적으로 나타나는 것이다. 시간이 지나면 없는 것이다. 남는 것은 없다. 그러니 섹스에 목숨 걸지 말고, 집착하지 말라는 뜻이다. 섹스는 비어 있고 남는 것은 사랑인 것이다.

· · ·

여러분 사랑이 무엇일까요? 여러분이 생각하는 사랑의 정의는 무엇인가요? 개인마다 다르고, 나이와 성별에 따라 다를 수 있습니다. 시대와 문화에 따라서도 다릅니다. 하지만 사랑의 본질은 하나입니다. 그것은 허용하는 겁니다. 모든 것을 인정하고 용서하는 것이 사랑입니다.

사랑은 세상의 본질을 이해하고, 존재의 실상을 허용하는 것입니다. 공에 불과한 세상에 대한 집착을 용서하는 겁니다. 그 진리를 나의 앎으로 받아들이는 과정이 사랑인 겁니다. 쉽게 말해 현실에 드러나는 삶의 모든 과정을 인정하고 허용하는 것이 사랑입니다. 내 삶에 나타나는 기쁨, 슬픔, 고통, 불만의 희로애락을 품에 안는 것이 사랑입니다. 그 희로애락의 흐름을 허용하는 겁니다. 고통을 거부하지 않고 불안을 바꾸려 하지 않습니다. 기쁨을 잡으려 하지 않고, 즐거움에 집착하지 않습니다. 그 모든 것이 흘러가게 아이의 자리를 허용하는 것이 사랑입니다.

영화가 개봉한 지 20여 년이 되어갑니다. 영화는 잊혀졌지만, 영화 속 인물은 남아 있습니다. 너무나 강렬했던 그들은 저의 무의식에 깊이 각인되어 있습니다. 영화를 봤던 여러분도 마찬가지입니다.

우리는 우리 무의식에 새겨진 타인의 이미지를 펼쳐냅니다. 그리고 그를 다시 만날 때, 그가 아닌 그의 이미지를 바라보게 됩니다. 나에게 남겨진 이미지와 바이브를 보는 겁니다. 눈 앞에 그를 보지 못하고, 마음속 그를 투영하고 있습니다. 그리고 그 이미지에 집착하고 있습니다.

영화의 90% 이상을 선물로 받아가는 주연 배우와 달리 조연 배우는 관객의 집착에서 자유로울 수 없습니다. 당시 섹시한 컨셉의 대명사로 나왔던 함소원은 늘 따라다니는 야한 이미지로 인해 힘겨운 시간을 보냈다고 합니다. 배우 신이는 자신의 캐릭터를 벗어나고자 성형수술을 감행하기도 했습니다. 진재영은 색기 넘치는 이미지로 인해 다른 느낌의 배역을 이후 맡지 못했습니다. 배우의 강렬한 이미지는 그들의 꼬리표가 되어 우리에게 각인됩니다. 우리들 마음에 박힌 그들의 이미지는 하나의 관념으로 세상에 드러납니다. 강한 캐릭터가 가진 양날의 검이죠.

색은 비어 있습니다. Sex Is Zero인 것입니다. 그 색에 대한 집착이 영화 속 흥미를 유발하지만, 영화를 관통하는 감독의 통찰은 하나입니다. 집착은 무의미하다는 것입니다. 세상은 비어 있고, 영화도 마찬가지입니다. 삶이 하나의 영화라면, 오늘 하루는 영화 속 한 장면에 불과합니다. 이미지에 불과한 지금 이 순간에 매몰되지 마시길 바랍니다.

색즉시공의 진실은 하나입니다. 집착하지 말라는 것입니다. 모든 것은 환영이고 비어 있으며, 일시적으로 드러날 뿐입니다. 실체가 없는 그 무엇에 갇혀서 허우적대지 마십시오. 그냥 드러난 세상을 바라보며 그것을 즐기면 그만인 것입니다.

집착하지 않는 눈에는 모든 것이 평화롭습니다. 바라는 즐거움이 아닌, 흘러가는 여유를 느낄 수 있습니다. 물을 움켜쥔다고 소유할 수 없습니다. 하지만 움켜쥔 손을 서서히 풀어나갈 때 물의 흐름을 느낄 수 있습니다. 내 손을 간질거리는 대자연의 연결을 느낄 수 있습니다. 집착을 벗어나 다른 곳을 바라보세요. 우리는 또 다른 세상을 접할 수 있게 됩니다. 부처님 말씀이 떠오르네요.

"고개를 돌리니 피안이네."

돌잔치의 죽음

'종교가 뭐예요?' 선을 보거나, 소개로 누굴 만날 때 종종 듣는 말이다. 정말 궁금할까? 궁금해서 묻는 건지, 어색함을 끊으려는 건지 잘 모르겠다. '천주교예요.' 답은 항상 같았다.

어릴 때부터 성당을 다녔다. 초등학생 때는 성가대로 활동했고, 방학 때는 주일학교도 다녔다. 중학교 때는 주말마다 청년 미사를 드렸고, 고3 되기 전까지 매주 성당을 다녔다. 별 이유는 없었다. 가난한 내 모습과 초라한 현실이 웅장한 오르간 소리 속에 사라졌기 때문이다.

대학생이 된 이후로 성당을 잘 가지 않았다. 성당과 멀어진 지꽤 오랜 시간이 흘렀다. 종교는 천주교라고 말하지만, 천주교 신자라고 절대 말할 수는 없다. 어느 순간 종교를 믿기보다 내 안의 신(i)을 믿기 시작했다. 종교인들에게는 불편할 수 있지만, 나는 나의 신이 종교 시설에 있다고 생각하지 않는다. 성당에서, 교회에서, 법당에서만 나의 신을 영접할 수 있는 것이 아니다. 신은 어디에서나 존재한다. 신은 세상 만물에 깃들어 있기 때문이다.

· · ·

삼라만상이 조물주의 조각입니다. 그 모든 곳에 그의 손길이 닿아 있습니다. 앞서 말했듯 세상은 내 마음의 투영입니다. 그리고 그 모든 곳에는 나의 신이 스며들어 있습니다. 그것은 내 마음속 깊은 곳에 '그(i)'가 자리하기 때문입니다.

'그'는 누구일까요? 성경에서 말하는 하느님, 아버지, 야훼, 여호와는 과연 누구일까요? 무엇일까요? 답은 성경에 나와 있습니다. 출애굽기 3장을 펼쳐보세요. 그곳에 모세와 하느님의 대화가 나옵니다.

모세가 하느님의 산인 호렙산에 올라가게 됩니다. 거기서 불타고 있는 떨기나무를 보게 되었죠. 이때 알 수 없는 영적 에너지에 이끌려 떨기나무에게 묻게 됩니다. "당신은 누구십니까?" 모세의 '신' 체험 이야기입니다. 이때 그의 답이 나옵니다. "i am that I am."

모세의 질문에 그는 'i am that I am'이라고 대답합니다. 신이 스스로에 대한 답을 내린 겁니다. '나'는 '나에 대한 정의'가 드러난 것입니다. 내가 나라고 규정하는 그것이 나의 모습으로 펼쳐지는 것입니다. 하느님은 세상을 인식하고 그것이 나라고 규정함으로써 그곳에 깃들게 됩니다.

자신에 대한 규정이 세상으로 드러나는 겁니다. 세상을 규정하는 '그'는 세상을 인식하는 자입니다. 그리고 그 인식된 대상이 그로써 드러나고 있습니다. 그는 인식의 주체이자 인식된 대상 그 자체입니다. 그가 인식하고, 인식된 대상이 자기임을 아는 자, 하느님은 그런 존재라고 성경에서 말하고 있습니다. 그래서 그는 아이(i)인 것입니다. 아이(i)의 인식이 나의 세상을 펼쳐내고 있기 때문입니다. 아이의 내면이 그의 내면입니다. 나의 신이 아이인 이유입니다.

저는 지금 여러분에게 종교 이야기를 하는 것이 아닙니다. '그'가 '나(i)'임을 '앎'으로 지닐 수 있도록 도와드리는 겁니다. 나와 세상을 만드는 것은 결국 나(i)였던 겁니다.

．．．

2002년 삼성서울병원에서 인턴을 했다. 봄에서 여름으로 넘어가는 시기에 소아과 병동을 돌게 되었다. 신생아실에서 기본적인 검사와 주치의의 업무를 도왔다. 2주간 아무런 생각 없이 기계처럼 일했다. 시키는 일만 제때, 혼나지 않도록 마무리했다. 늘 같은 일상의 반복이었다. 하지만 신생아실에서는 조금 달랐다. 아이들의 웃음 때문이었다.

신생아는 하루에도 400~500번씩 웃는다. 얼굴에는 늘 웃음이 가득하다. 미소가 끊이질 않는다. 심지어 잠을 잘 때도 웃는 표정이다. 웃고 있는 건지 잠자고 있는 건지 알 수가 없다. 당시에는 왜 그렇게 웃고 있는지 알 수가 없었다. 교과서에도 나와 있지 않고, 논문에도 찾아볼 수 없었다. 소아과 레지던트 선생님께 물어보면 "쓸데없는 질문 하지 말고 일이나 해."라는 핀잔만 들었다. 하지만 지금은 그 이유를 알고 있다. 웃음의 이유는 'i' 때문이었다.

우리는 나(I)로 태어날 때 아이(i)의 본질을 지닌 채 깨어난다. 하지만 출생의 순간, 나는 나의 존재를 알 수가 없다. 나라는 느낌이 없기 때문이다. 존재의 느낌만 있을 뿐, 나의 느낌은 알 수가 없다. 있다는 느낌만 존재할 뿐 어떻게 있는지 모르는 것이다. 그러다 눈을 뜨고 조금씩 세상을 인지하게 된다.

엄마라는 존재도 보이고, 아빠라는 존재도 보인다. 손이라는 것도 보이고, 자기를 검사하는 인턴 선생님도 보인다. 천장에 매달려 있는 모빌도 보이고, 나를 감싸고 있는 옷이라는 것도 보인다. 그러면서 서서히 존재에 대한 믿음이 생긴다. '아, 나라는 존재가 있구나.'라는 느낌이 생기게 된다. 그때가 바로 'i am(나는 있다는 것을 알고 있다)'의 시작이다. 자아 의식이 드러나는 순간이다.

눈에 보이는 세상, 이 모든 것이 신기하다. 그러면서 자신의 존재감도 점차 커지게 된다. 존재에 대한 느낌이 확고해질수록 나를 세상에 대입하기 시작한다. '이것이 나인가? 저것이 나인가?' 그러면서 인식하는 대상 모두에 '나'라는 느낌을 담는다. 그리고 규정한다. '아, 이것이 나구나. 저것이 나구나.' 그리고 즐거워한다.

좋은 느낌, 굿 바이브를 간직한 채 매일매일, 매 순간 자신과 세상을 동일시한다. 하루에도 400~500번 이상 동일시가 일어난다. 이 과정에서의 즐거움이 웃음으로 드러난다. 세상이 나임을 알고, 세상과 나는 연결되어 있다는 축복의 시간이기 때문이다. 'i am that I am 세상'인 것이다.

3~6개월 정도 지나면 이제 다른 세상을 보기 시작한다. '따라 하기(mimicking)'를 시작하면서다. 엄마의 행동을 따라 하고, 같이 웃어도 보고, 엄마의 말을 좇아 하기도 한다. 그러면서 생각에 빠지게 된다. 내가 세상과 분리되어 있다는 착각의 시작이다.

나와 엄마는 분리되어 있고, 나와 세상은 떨어져 있다는 느낌의 시작이다. 따라 하기를 통해 나와 너가 구분되는 것이다. 까꿍을 하며 웃는 것은 엄마고, 그것을 따라 하는 것은 나라는 분리감이다. 이분법적 분리감, 즉 이원성(dualism)은 이때부터 시작된다.

그러면서 1년이 지나간다. 1살이 되면 '엄마', '아빠' 등의 단어를 말하기 시작한다. 언어를 쓰기 시작하는 것이다. 언어는 세상을 확인하고 분리시키는 도구다. 하나로 연결된 이미지 세상을 각각의 단어로 쪼개어 조각화하는 것이다. 이미지에 불과한 대상을 실체화하는 역할을 한다. 언어는 이미지의 조각칼인 것이다. 이때 'i'는 서서히 'I'로 바뀌기 시작한다. 분리된 세상에서 독립적 개체로 나를 인지하기 시작한다. 'i'에서 'I'로의 전환이다. 바라보는 'i'가 아닌, 나라는 개체적 존재 'I'로 세상을 준비하게 된다.

하지만 아직은 혼란스럽다. 'I'의 정체성이 정립되지 않았기 때문이다. 그러다 우리의 편견이 완성되는 순간이 다가온다. "와, 우리 애기. 엄마라고 불렀어? 우쭈쭈. 너무 귀엽다. 내일 우리 애기 돌잔치인데, 내일도 사람들 앞에서 엄마, 아빠 많이 불러줘~." 착각을 축하로 마무리하는 것이다. 축하와 칭찬은 'I'의 세상을 더욱 확신하게 한다. 돌잔치를 지나 'i'는 죽음을 맞이하고, 'I'가 전면에 나서게 된다.

Infantile amnesia가 시작된다. 유아기 건망증이라는 것이다. 우리는 누구나 3~4세 이전의 기억을 잃게 된다는 정신의학 용어다. 무엇을 잊어버리는 것일까? 바로 'i'의 존재를 잊는 것이다. 창조자 'i'의 자리에서 규정된 자 'I'로 내려오게 된다. 그리고 과거 연결의 이미지를 모두 삭제한다. 언어 이전의 세상을 잊어버린다. 나와 세상을 언어로 바라보게 된다. 언어의 안경은 이때부터 우리 눈을 가린다. 나는 특정 이름을 가진 몸으로 인생을 펼치게 된다.

・・・

깨달음은 멀리 있는 것이 아닙니다. 진리를 안다는 것은 세상 그 자체가 나(i)임을 깨닫는 것입니다. 규정된 자의 위치가 아닌, 규정하는 자의 시선으로 세상을 인식하고 그 세상을 새롭게 창조하는 과정입니다. 그렇기에 깨달음은 새로운 것이 아닙니다. 과거의 기억을 되찾는 것입니다. 바로 신생아로의 회귀가 깨달음입니다.

과거의 'i'로 돌아가는 것이 진정한 깨달음입니다. 그가 나임을 깨닫는 것은 과거의 기억을 되찾는 과정입니다. 진리를 알게 되는 것은 새로운 것을 찾는 것이 아니라, 과거의 아이를 되찾는 것입니다.

'i'로의 회귀, 그것이 진리를 찾아 떠나는 여행의 최종 목적지가 될 것입니다. 그 과정에서 여러분 인생이 조금씩 변하는 것을 느낄 것입니다. 'i'의 자리에서 세상을 창조하고, 'I'를 통해 인생을 즐기는 것. 지구별의 삶을 최고로 만드는 방법입니다. 두 개의 나를 통해 인생 최고의 여정을 즐겨보시길 바랍니다. 우리는 그렇게 살기 위해 이 땅에 초대받은 것입니다. 그럴 권리와 자격을 가지고 태어났습니다. 여러분의 아이를 즐기세요.

06

고양이의 죽음은 없다

2019년 개봉한 〈양자물리학〉이라는 영화가 있다. '생각이 현실을 만든다.'라는 신념으로 살아가는 화류계 인물, 이찬우의 이야기다. 부패 권력과 맞서 싸우는 그가 자주 하는 말이었다. 감독은 그의 말과 행동에 깔려 있는 인생 철학이 양자물리학이라 주장한다. 하지만 영화 속 그의 생각이 그의 현실을 만들지는 못했다. 현실은 그의 예상과 전혀 다르게 펼쳐진다. 영화 속 대사와 달리 주인공은 늘 원치 않는 상황에 끌려다닌다. 한마디로 개고생한다. 죽기 직전까지 내몰린다. 그 극적인 상황이 우리의 시선을 사로잡는다. 물론 결말은 해피엔딩이다. 영화는 영화기 때문이다. 하지만 우리는 주인공의 생각이 영화적 결말을 만들었다고 생각하지 않는다. 그렇게 보였을 뿐이다. 우리는 알고 있다. 생각이 현실을 만들지 않는다. 인식이 존재를 부를 뿐이다.

'생각이 현실을 만든다'는 것은 아이(i)의 '인식'이 현실의 '존재'를 만든다는 뜻이다. 인식의 주체인 아이가 만든 세상을 내가 인지하는 것이다. 나의 눈을 통해 아이가 인식하고 있다. 그리고 그 존재를 확인한다. 인식이 존재를 드러나게 하는 것이다. 여기에 등장하는 개념이 '관찰자'다. 사실 관찰자라는 개념은 양자역학에서 시작했다. '관찰자 효과'를 설명하기 위해 보는 자의 개념을 도입한 것이다. 세계 최고의 권위를 자랑하는 이스라엘 와이즈만의 실험이었다. '이중 슬릿 실험'이다. 두 겹의 벽에 전자를 쏘면서 얻은 결과를 발표했다. 가운데 벽에 두 개의 틈(슬릿)을 만들어 뒤쪽의 벽에 그려지는 전자들의 모습을 구현하였다. 예상과 다르게 전자 총을 통과한 전자들이 두 줄의 입자 흔적뿐 아니라, 여러 겹의 파동 흔적도 만든 것이다.

전자는 입자로서 움직일 뿐 아니라, 파동의 성질도 가지고 있다는 것을 발견했다. 특히 '입자성'은 실험을 관찰할 때만 보이는 전자의 특징이었다. 관찰하지 않을 때, 전자는 '파동' 형태로 존재했다. 이때 등장한 개념이 바로 '관찰자 효과'다. 전자와 같은 미립자는 우리가 관찰하고 있을 때는 입자의 모습을, 그렇지 않을 때는 파동의 상태로 존재한다는 것이다. 원자나 전자, 미립자와 같이 눈에 보이지 않는 세상에서는 기존의 물리학 이론과 전혀 다른 움직임이 포착된 것이다.

하지만 당시 양자물리학의 주장은 논란의 중심에 서게 된다. 기존의 근대 물리학과는 상반된 결과였기 때문이다. 뉴턴으로 대표되는 근대 물리학계는 양자물리학의 주장을 받아들이지 않았다. 특히 관찰자에 의해 결과가 달라지는 실험의 결과에 대해 무시하기 시작했다.

과학, 특히 물리는 논리와 실험을 기본으로 하고 있다. 실험의 결과는 그것의 관찰과 무관하게 일관되어야 한다는 원칙을 가지고 있었다. 실험을 볼 때와 보지 않을 때의 결과가 다르다는 양자역학의 주장을 그들은 절대 받아들일 수 없었다. 너무 작은 대상을 측정하다 보니, 측정 장비에서 비롯되는 실험 오류라고 생각했다.

그러나 반복되는 실험에서도 결과는 똑같았다. 양자역학적 예측에 부합되는 결과가 계속 도출되었다. 근대 물리학자들은 혼란스러워졌다. 하지만 그들은 고집을 꺾지 않았다. 그들은 거시세계의 근대 물리학과, 미시세계의 양자물리학은 전혀 다른 과학의 성질이라 결론 지었다. 두 개의 물리학이 존재한다는 결론이었다.

그러자 양자물리학자들은 덴마크 코펜하겐에 모여 이렇게 선언한다. "미립자는 파동함수로 확률적으로 존재한다. 그러다 관찰자가 측정을 시작하는 순간 파동함수의 붕괴가 일어나며 특정 상태가 결정된다." 물리학의 코펜하겐 전환은 이렇게 시작되었다.

근대 물리학은 눈에 보이는 거시세계를 보여주고, 양자물리학은 눈에 보이지 않는 미시세계를 설명한다. 하지만 우리는 알고 있다. 눈에 보이지 않는 미립자가 모여 눈에 보이는 세상을 만들고 있다. 원자와 분자가 모여 스마트폰을 만드는 것이다. 결국 두 세계는 같은 원리의 지배를 받을 수밖에 없다. 연결된 세계에서 다른 법칙이 적용된다는 것은 이해하기 어렵다. 결국 이 모순을 정리한 사람이 1935년 등장했다. 바로 슈뢰딩거다. 슈뢰딩거의 고양이는 이렇게 시작되었다.

조그만 방에 고양이와 독가스 병, 알파입자 총(알파입자 가속기)이 있다. 알파입자 총은 독가스 병을 겨누고 있다. 총은 한 시간 후 50%의 확률로 독가스 병을 깨뜨린다. 그러면 고양이는 죽는다. 그리고 당신은 그 방에 있는 고양이 상태를 확인한다. 단순한 실험이다. 총을 쏴서 독가스 병을 깨트릴 확률이 50%이니 그 안에 있는 고양이의 생존율도 50%다.

그런데 여기서 문제가 발생한다. 방문을 열어 고양이가 죽었는지 살았는지 확인하기 직전이다. 고양이는 어떤 상태일까? 당신에게 물으면 어떻게 답할 것인가? "죽었거나 살았거나, 둘 중에 하나지." 내가 고양이를 보든지 안 보든지 고양이의 운명은 정해져 있다. 반반이다.

문제는 양자물리학자의 답이다. 그들은 이렇게 말할 수밖에 없다. "고양이는 죽은 것도 아니고, 살아 있는 것도 아니다. 고양이는 중첩된 상태다." 이 무슨 뜬금없는 소리일까? 고양이는 삶과 죽음의 동시 상태에 있다는 결론이다. '죽었거나 살아 있거나'가 아닌 '죽은 것도 아니고 살아 있는 것도 아닌 중첩의 상태'다. 처음 이 대답을 들은 여러분은 당황스럽다. 나도 당시에는 혼란스러웠다. 말장난 같은 대답이었다. 하지만 지금은 후자의 답을 진실로 받아들이고 있다. 우리는 이미 양자물리학의 세상을 살고 있기 때문이다.

우리가 쓰는 반도체 기술의 대부분은 양자역학의 원리를 통해 구현되고 있다. 눈앞의 TV도, 여러분이 쓰는 스마트폰도 마찬가지다. 양자역학의 방정식은 현대 물리학의 다양한 결과를 정확히 예측하고 있다. 당신이 쓰고 있는 스마트폰도 양자역학의 확률 분포에 의해 작동되고 있다. 이해되지 않지만 동의할 수밖에 없다. 동의하지 않으면서 스마트폰을 쓰는 것은 아이러니다. 고양이는 중첩된 상태다.

· · ·

고양이는 죽은 것도 아니고, 살아 있는 것도 아닙니다. 고양이는 중첩의 상태입니다. 미래는 다양한 가능태의 모습이 공존하는 곳입니다. 우리 눈에 관찰된 상황은 이미 과거입니다. 우리는 늘 과거만을 인지하며 살아갑니다. 우리는 현재를 관찰할 수 없기 때문입니다. 이 글을 읽는 순간도 마찬가지입니다. 이미 과거의 모습입니다. 지금이 현재라고 콕 집어서 말하는 순간도 이미 과거가 되어 버립니다. 현재는 인지될 수 없는 찰나의 '순간'이기 때문입니다. 하늘에 떠 있는 반짝이는 별도 이미 과거의 이미지입니다. 하늘의

별은 이미 소멸했습니다.

과거는 기억이라는 도구를 이용해 인식하는 이미지입니다. 그리고 과거의 이미지는 사실 미래에서 전달되고 있습니다. 현재가 과거로 연결되고, 미래가 현재로 이어지고 있습니다. 현재는 미래와 과거의 가교 역할만 하고 있습니다.

미래는 다양한 가능태의 모습이 중첩되어 있습니다. 그러다 현재라는 '지금 이 순간'의 궤도에 안착했을 때, 우리는 가능태를 현실태로 받아들입니다. 사실 현재라는 것은 미래 이미지의 잔상일 뿐입니다. 그 잔상을 우리는 현재라는 현실로 받아들이고 있습니다. 현재는 미래의 과거 이미지입니다. 그 과거를 우리는 현재로 인지합니다. 지금의 이미지는 한 장이지만, 미래의 이미지는 중첩되어 있습니다. 이것을 과학적으로 정리한 사람이 미국 프린스턴 대학의 휴 에버렛 3세입니다.

휴 에러벳 3세는 다중 우주론의 창시자로 불립니다. 그는 과거 코펜하겐 해석을 거부하고, 슈뢰딩거의 고양이를 평행 우주 이론을 이용해 답했습니다. "알파입자가 50%의 확률로 총구를 나오는 순간 우주는 갈라진다. 고양이가 살아 있는 우주와 고양이가 죽은 세계로 나뉘게 된다. 우리는 이 중 하나의 우주만을 선택하여 인식하게 된다." 즉 우리가 인식을 통해 하나의 세상을 선택할 경우, 선택되지 않은 우주는 이미 존재했다는 것입니다. 살아오면서 했던 다양한 선택의 순간, 우주의 분화가 일어났던 것이죠. 선택의 순간만큼이나 다양한 우주가 보이지 않는 가능태로 존재했던 것입니다.

인식이 존재를 부르는 것은 다양한 가능태의 우주 중 하나를 선택하는 과정입니다. 그 가능태를 현실이라는 '지금 여기에' 편입시키는 것을 의미합니다. 가능태의 미래를 인식을 통해 현실태(현실의 궤도, 현실의 과정)의 오늘에 연결시키는 과정입니다. 그것이 아이의 인식입니다. 그 인식이 지금 이 순간 우리의 눈앞에 펼쳐져 있습니다. 전 세계적으로 유행했던 론다 번의 『시크릿』은 이 아이의 인식을 통해 이루어집니다. 나의 인지를 통해서 이룰 수 없습니다. 매번 우리의 시크릿이 실패하는 이유입니다. 영화 속 이찬우와 똑같습니다.

고양이의 죽음은 없습니다. 단지 우리의 인식이 고양이의 죽음을 현상했을 뿐입니다. '인식'이 고양이의 죽음이라는 '현실'을 드러나게 한 것입니다. 죽음의 상황도 아이의 의식이 만든 이미지일 뿐입니다.

인식은 세상을 만드는 기본 원리이자, 세상 그 자체입니다. 인식의 주체인 내(i)가 세상을 드러나게 하는 창조자임을 아는 것은 세상이 나의 의식, 그 자체임을 아는 겁니다. 성경에서 말하는 'i am that I am'에서 i am의 자리가 그 인식의 자리입니다. 창조자의 위치이자 진정한 나의 자리임을 알아야 합니다. 그 나(i)는 현실의 나(I)가 아닌 나의 몸 밖에 존재하는 의식입니다.

세상은 중첩되어 있습니다. 그리고 그것을 선택하는 자는 하나밖에 없습니다. 여러분의 아이입니다. 세상은 여러분의 영광을 드러내기 위해 모든 것이 준비되어 있습니다. 당신이 할 것은 하나입니다. 인식하는 것입니다. 미래의 가능태를 인지하고, 그것을 인식하여 과거와 연결하는 것입니다. 그 과정이 바로 허용입니다. 현실의 모습을 허용하고, 변화를 인지해보십시오. 그 작은 변화의 인식이 새로운 가능태와 연결될 것입니다. 인지하고, 허용하고, 인식하십시오. 곧 여러분이 원하는 미래가 펼쳐질 것입니다. 현실로 나투게 될 겁니다.

07

언어의 세상에 눈이 멀다

　잠시 눈을 감아보자. 5초 정도 감은 채, 그곳에 머물러보자. 그리고 눈을 떠보자. 뭐가 보이는가? 눈앞에는 책상, 책, 스탠드, 의자, 시계 등등 세상을 구성하는 많은 것들이 펼쳐져 있을 것이다. 그것을 한번 관찰한 후 다시 눈을 감아보자. 그리고 눈앞에 있던 그것들을 마음속 공간에 떠올려보자.

　똑같지는 않지만 비슷한 모습의 무언가가 보이기 시작한다. 눈앞의 물상이 마음속 심상으로 전환되는 과정이다. 눈앞의 책상이 마음속 책상으로 변하고, 그 옆의 의자도 심상의 이미지로 바뀐다. 스탠드의 밝은 빛도 내면의 불빛이 되어 그 속성을 유지한다. 선명함과 생생함의 차이만 있을 뿐 여전히 내 마음속에 자리 잡고 있다.

이제 방법을 달리해보자. 눈앞에 시계를 자세히 들여다보자. 그리고 시계의 구석구석을 눈에 담아보자. 평소 보이지 않던 시계가 보인다. 시침의 길이와 분침의 길이가 다르고, 두께의 차이도 있으며, 초침의 색깔과 굵기도 다르다. 사각인 줄 알았던 테두리가 원형이고, 숫자와 크기의 다양성도 보인다. 눈을 감고 다시 시계를 그려보자. 방금 보았던 눈앞의 시계를 어렵지 않게 마음의 스크린에 구현하기 시작한다. 몇 년을 보았지만, 처음 본 듯한 시계의 재발견이다.

이상하지 않은가? 매일 보던 시계인데, 처음 본 듯한 느낌이다. 늘 그 자리에 있었고, 항상 시간을 확인했는데, 왜 우리는 시계를 처음 발견했을까? 왜 그럴까? 우리는 지금까지 시계를 본 적이 없기 때문이다. 우리는 '시계'라는 언어만을 보았기 때문이다.

• • •

우리는 이미지 세상에 살고 있습니다. 심상이 투영된 물상의 세계를 살고 있습니다. 마음이 물질을 만들고, 생각이 현실을 만들고 있습니다. 하지만 아직은 받아들이기는 쉽지 않습니다. 머리는 끄덕여도, 가슴이 받아들이지 못하고 있습니다. 이해하지만 동의할 수 없습니다. 언어 때문입니다.

아이(i)는 이미지 세상을 보고 있지만, 나(I)는 언어의 세상에 갇혀 있습니다. 나는 언어의 세상을 살아가기 때문입니다. 눈에 보이는 세상은 모두 언어입니다. 모든 것들은 언어로 이루어져 있습니다. 나의 눈에 관찰되고, 인지되는 모든 것은 언어입니다. 언어가 아닌 것은 볼 수가 없습니다. 볼 수 없기 때문에 기억할 수 없습니다. 언어를 익히기 전 우리의 기억이 없는 이유입니다.

Infantile amnesia(유아기 건망증) 이후 'i'는 'I'로 전환되고 우리는 'i'의 본성을 잊어버립니다. 현실을 살아가는 에고의 삶이 시작됩니다. 세상을 나와 너, 나와 세상으로 분리하기 시작합니다. 나의 존재감을 타인과의 분리감을 통해 찾으려고 합니다. 너가 있으니 내가 있고, 세상과 분리된 내가 있다는 느낌입니다. 이분법적 분리감의 시작입니다. 근원은 하나임에도 대상을 구분하려 합니다. 이원성의 시작입니다. 세상을 분별하고 구별하기 시작합니다. 그 도구가 언어입니다. 언어는 하나로 '연결된' 세상을 '조각화'합니다. 분리와 분열을 통해 이미지에 불과한 '부분'을 고정불변의 '실체'로 규정합니다. 시계를 예로 들어 볼까요.

시계는 우리가 바라보는 세상의 한 '부분'입니다. 그림 속에 연결된 이미지입니다. 하지만 언어가 들어가면 달라집니다. '시계'라는 언어를 인지하는 순간, 시계는 이미지의 한 부분이 아닙니다. 이미지의 조각으로 바뀌게 됩니다. 다른 부분과 분리된 하나의 독립적 존재로 보여집니다. 실체를 가진 물상으로 의미를 부여받게 됩니다. 이 순간부터 시계는 시계와 시계가 아닌 것으로 나눠지며, 시계 외 잉여 공간도 언어의 색깔이 채색됩니다. 이름에 걸맞은 색을 지니게 됩니다. 이름과 색, '명색'을 지니게 됩니다.

대승불교의 '공' 사상을 체계화한 사람이 있습니다. 바로 용수라는 분입니다. 이분이 『중론』에서 이렇게 말합니다. "자와 타, 유와 무를 보는 자들은 부처의 가르침을 진실로 바라보지 못한다." 석가는 세상이 비어 있다고 말했습니다. 실체가 없는 이미지 세상이 삼라만상의 본모습이라 말했습니다. 하지만 우리는 '나'라는 독립된 실체를 의식하며 살고 있습니다. '나의 몸'이라는 이미지에 의지한 채 살고 있습니다. 그 이미지가 '나'라는 절대적인 믿음이 있습니다. 실체로서의 내가 있고, 내가 있기에 내가 아닌 남도 분명히 있습니다.

하지만 세상은 연결되어 있습니다. 세상은 이미지의 연결이기 때문입니다. 나와 남은 한 장의 이미지에 담겨 있습니다. 그 이미지를 담는 세상도 한 장의 이미지일 뿐입니다. 이 모든 이미지를 담는 공간이 있습니다. 그곳이 바로 나(i)의 마음, 아이의 의식 공간입니다. 세상은 심상의 투영일 뿐입니다. 하지만 우리는 세상을 분리해서 보고 있습니다. 왜 그럴까요? 용수는 그 원인을 '희론'에 있다고 하였습니다.

희론이란 '대상을 언어로 개념화하고 그 개념에 해당되는 내용물이 있다.'라고 생각하는 추론 방식입니다. 즉 '시계'라는 언어로 인해, 이미지에 불과한 시계를, 단단한 물질로 실체화하는 것입니다. 그리고 그 실체성으로 인해 시계의 존재를 당연시하게 됩니다. 허구인 심상을 실체인 물상으로 착각하는 오류를 희론이라 하였습니다.

'나(i)'도 마찬가지입니다. 나도 '나'라는 이름에 생겨난 개념입니다. '나'라는 이름이 '나'라는 존재를 부릅니다. 이름이라는 조건이 나라는 결과를 만든 것이죠. '나'라는 언어가 없다면 나도 없어집니다. 이것은 '나'뿐 아니라 세상의 만물도 마찬가지입니다. 우주의 이름이 지워진다면 삼라만상도 사라집니다. 실체성을 부여하는 것이 언어기 때문입니다. 언어가 사라지면 실체성이 사라집니다. 그 실체성이 사라질 때 세상의 분리도 사라집니다. 하나의 연결로 통합됩니다. 일원성을 향해 나아가는 겁니다.

이제 두 개의 빨간색을 비교해보겠습니다. 시계 초침의 빨간색과 책 표지의 빨간색이 보입니다. 두 색은 같은 빨강이지만 약간의 차이가 있습니다. 하나는 찐한 빨강이고 나머지는 연한 빨강입니다. 그렇다면 두 색은 비슷한 색깔일까요?

일본의 언어학자 이케가미 요시히코는 『이미의 세계』에서 이렇게 말했습니다. "실어증 환자에게 있어 짙은 빨강과 옅은 빨강은 존재하지 않는다. 두 색은 전혀 다른 색깔이다." 언어의 세상에 살지 않는 실어증 환자에게는 두 색깔은 전혀 다른 색입니다. 우리와 같은 색을 바라보지만 그들에게는 전혀 다르게 인지됩니다. 우리가 언어의 함정에 빠졌기 때문입니다.

우리는 색을 보지 못합니다. 우리는 언어를 보고 있습니다. 우리는 빨강이라는 언어에 의존하여 색을 보고 있습니다. 그래서 색깔의 구분이 가능하다고 믿고 있습니다. 그것이 착각입니다.

세상의 본질은 분리에 있지 않습니다. 이원성이 아닌 일원성에 있습니다. 연결되고 통합되는 일원성이 세상이 존재하는 모습입니다. '나'는 세상의 한 부분으로 세상과 그리고 타인과도 연결되어 있습니다. 언어가 있기에 이미지가 조각으로 분리된 것입니다. 프랑스 사람은 왜 나비와 나방을 구별하지 못할까요? 그들에게는 이 둘을 나누는 언어가 없기 때문입니다. 나비와 나방 둘 다 '빠삐용'이라는 단어로 불리기 때문입니다. 그들에게 나비와 나방은 연결되어 있습니다. 언어가 없으면 세상은 분리되지 않습니다.

우리는 언어의 세상에 눈이 멀어 있습니다. 언어에 갇혀 세상을 있는 그대로 바라볼 수 없습니다. 세상을 보지 못하고, 언어의 의미만 바라보고 있습니다. 의미만을 확인한 채 시선을 거두어버립니다. '시계'라는 이미지에 시선을 남겨두지 못하는 겁니다. 그 결과 우리는 시계를 본 적이 없는 겁니다.

언어의 함정에서 벗어나십시오. 그리고 바라보세요. 말에서 벗어날 때, 세상과 연결됩니다. 분리된 언어의 세상이 아닌, 통합된 연결의 우주를 보게 될 겁니다. 시인 김춘수도 알고 있었습니다. 내가 그의 '이름'을 불러주었을 때, 그는 나에게 다가와 '꽃'이 된 것입니다. 원래부터 꽃인 꽃은 없습니다.

Vivid Imagination with Belief of Equalization

2장

깨달음

01

시간은 흐르지 않는다

    나는 20살 때 재수를 했다. 길게 하지는 않았다. 딱 3개월만 재수생으로 살았다. 물론 많이 힘들었다. 시간이 짧다고 고생의 정도가 낮아지는 것은 아니다. 고생의 밀도는 더욱 높았다. 수능을 100일 정도 앞둔 시점에서 시작했기 때문이다. 잘 다니던 포스텍을 그만두고, 참고서를 새로 구매했다. 교과서와 문제집을 다시 구했다. 고등학교 졸업 후, 모든 교과서와 학습서는 후배에게 물려주었다. 빼곡히 적혀 있던 나의 메모와 정리 노트도 같이 사라졌다.

    재수하면서 고3 학생들 과외를 했다. 그렇게 번 돈으로 수험서를 샀다. 앞에서는 대학생으로 그들을 가르쳤고, 뒤에서는 재수생으로 그들과 경쟁했다. 힘든 시간이었다. 잘못된 선택의 후회와 미래에 대한 불안이 나를 매일 힘들게 했다. 하루에도 수십 번씩 마음이 흔들렸다. 문제가 풀리지 않을 때는 더욱 초조했다. 답답한 마음에 독서실 휴게실을 들렀다. 휴게실 의자에 앉았다. 책상 위에는 먹다 남은 컵라면이 덩그러니 놓여 있었다. 그 옆에 낡고 색이 바랜 책장이 보였다. 책장 위에 책 한 권이 놓여 있었다. 이상하게 그 책이 눈에 띄었다. 유난히 반짝이는 책이었다. 책 표지는 오래된 듯 누렇게 변했지만, 책은 맑은 향기를 품고 있었다. 나는 그때 그 책을 만났다.

나폴레온 힐의 『놓치고 싶지 않은 나의 꿈, 나의 인생』이었다. 부와 성공을 당기는 비밀을 담은 책이었다. 잠재의식과 현실 창조의 원리를 담고 있었다. 그리고 실제 사례를 들면서 그 비밀을 풀어내고 있었다. 눈이 번쩍 뜨였다. 나의 가슴이 뛰고 있음을 실감했다. 책에서 눈을 뗄 수가 없었다. 책을 다 읽었을 때는 새벽 3시였다. 그 순간 나는 깨닫기 시작했다. 그때 나에게 직관적 앎이 펼쳐지게 되었다. '나는 내가 아닌 또 다른 존재였구나.'

나는 나를 가장 존경한다. 인생의 멘토가 누구냐는 질문에 나는 늘 똑같이 답한다. 나의 멘토는 나다. 정확히는 20살의 나다. 나는 그를 가장 존중하며 그의 열정과 노력에 경의를 표한다. 그를 가장 잘 아는 사람이 나이기에 얼마나 힘든 시기를 보냈는지도 알고 있다. 종종 그가 보고 싶다. 그리고 나는 그를 보았다. 아직도 생생히 기억나는 2년 전의 꿈이었다.

겨울이었다. 영하의 날씨에 귀까지 빨개진 나의 모습이 보였다. 두꺼운 패딩을 입고 어딘가에 서 있었다. 여기가 어디지? 주변을 둘러보니 익숙한 어딘가다. 눈앞에 건물이 낯익었다. '국제독서실'이었다.

내가 살던 동네의 작은 독서실. 국제독서실은 내가 고1부터 재수할 때까지 공부했던 장소였다. 너무나 반가운 곳이라 뭔가에 이끌리듯 발길이 옮겨졌다. 4층의 끝자리, 유일하게 창이 넓고, 작은 선반이 있는 공간이었다. 나는 4년간 늘 이 자리에서 공부했다. 옆칸의 서상수는 항상 자리에 없었다. 앞자리의 정운현은 항상 헤비메탈을 들으며 수학의 정석을 풀었다. 아직도 미스터리하다.

그날도 마찬가지였다. 늘 그 자리에 앉아 있던 재수생, 내가 보였다. 수술복을 입은 채, 의사라는 상상에 빠진 채 그는 묵묵히 공부하고 있었다. 내가 말을 걸었다. "야, 야, 학생." 흠칫 놀라는 표정이었다. "누구세요?" 잔뜩 긴장한 채 나를 바라보았다.

"누구긴 누구야 너지. 내가 너야. 너도 나고. 나도 지금 상황이 이해가 안 되지만. 어쨌든 그래. 나중에 알겠지만 네가 미래에 내가 되는 거야."
"무슨 소리 하세요? 나가세요. 공부 방해하지 마시구요. 안 나가시면 실장님 부를 겁니다."

그의 목소리에서 당시의 내가 느껴졌다. 열심히 공부하는 그를 방해할 생각은 없었다. 그러나 꼭 한 가지만, 늘 해주고 싶었던 꼭 한마디만 해주고 싶었다.

"그래. 나는 갈 거야. 그런데 꼭 한 가지만 말해줄게. 지금 공부가 무척이나 힘들고, 매 순간 혼란스러운 것도 알아. 문제가 풀리지 않을 때의 답답함도 알고 있어. 내가 가장 잘 알아. 내가 너였으니. 하지만 이것만 기억해. 앞으로 25년 후에 네가 45살이 되었을 때, 그때는 네가 원했던 모든 것들이 이루어져 있어. 그 세상이 펼쳐져 있어. 그러니 안심하고 공부해. 흔들리지 마. 이 말을 꼭 해주고 싶었어. 그 순간이 지금이야."

벅찬 마음에 눈물이 고이기 시작했다. 묵혀둔 숙제를 해결한 느낌이었다. 그리고 돌아섰다. 그에게 눈물을 보이기 싫었다. 그때였다. 그가 나의 손목을 잡았다. 문득 돌아보았을 때, 그와 눈이 마주쳤다. 그가 웃으며 말했다. "응. 알고 있어."

· · ·

오늘은 시간에 대해서 알아보겠습니다. 여러분, 시간은 무엇일까요? 여러분은 시간을 어떻게 받아들이고 있나요? 너무 뜬금없는 질문인가요? 제가 알려드리겠습니다. 시간에 대해 알려면 시간의 특징을 알아야 합니다. 우리에게 알려진 시간의 특징은 두 가지입니다. 시간은 모두에게 똑같이 주어지고, 한 방향으로 흐른다는 겁니다.

시간은 누구에게나 똑같이 주어집니다. 하루 24시간이 주어집니다. 나의 24시간과 당신의 24시간은 똑같습니다. 그리고 똑같이 흘러간다고 생각합니다. 그런데 과연 그럴까요? 결론은 그렇지 않습니다.

영화 〈인터스텔라〉를 보셨나요? 2014년에 개봉한 크리스토퍼 놀란 감독의 SF 영화입니다. 영화의 내용은 허구를 바탕으로 쓰였지만, 그 속에는 놀랄 만한 시공간의 비밀이 숨겨져 있습니다. 아버지 쿠퍼는 지구를 구하기 위해 웜홀을 통해 우주로 떠나갑니다. 그리고 그 우주 공간 안에서 전혀 다른 시간을 경험하게 됩니다. 빠른 속도로 날아가는 우주선 안에서 그의 시간은 점점 늘어납니다. 시간이 느리게 흘렀습니다. 거대한 행성을 지날 때는 중력의 영향도 받게 됩니다. 그 끌림의 영향 아래 쿠퍼의 시간은 더더욱 늘어났습니다. 늘어난 시간만큼 시간은 점점 느려졌습니다. 우주 속 쿠퍼의 시간이 느려진다는 것은, 지구에 남겨진 딸의 시간이 빨라짐을 의미합니다. 영화의 결말에서 쿠퍼는 할머니가 된 딸을 만나게 됩니다.

이 영화는 아인슈타인의 상대성 이론에 바탕을 두고 있습니다. 특수 상대성 이론이 말하는 '매우 빨리 달리는 물체의 시간은 느리게 간다'는 것과 일반 상대성 이론의 '천체의 중력장은 시간의 흐름을 늦춘다'는 이론입니다. 이 두 가지 이유로 우주의 아버지와 지구에 있는 딸은 전혀 다른 시간을 살았던 것입니다. 쿠퍼는 할머니 모습의 딸과 조우하게 된 것이죠. 그들에게 시간은 다르게 흘렀습니다.

만약 우주선의 속도와 행성의 중력을 매우 높여 무한에 가깝게 한다면 어떤 일이 벌어질까요? 그 안에 있는 나의 시간은 흐르지 않게 됩니다. 시간이 무한히 길게 늘어져 더 이상 움직이지 않게 됩니다. 외부 세계의 시간만 흘러갈 뿐입니다. 나의 시간은 멈추어 있고, 눈앞의 세상만 지나가게 됩니다. 나는 시공간의 가운데 서서, 그들의 생과 사를 바라보게 됩니다. 삶의 전체 모습을 그곳에서 관찰할 수 있게 됩니다.

그곳이 아이의 자리입니다. 또 다른 나이자 진정한 나인 아이의 공간입니다. 아이의 세상에서 시간은 존재하지 않습니다. 과거, 현재, 미래는 이미 펼쳐져 있습니다. 아이가 전지전능한 이유입니다. 모든 것을 알고 있기에 모든 것을 할 수 있습니다. 이미 나의 삶 전체를 보았기 때문입니다. 아이에게 흐르는 시간은 없습니다.

시간의 또 다른 특징은 방향성입니다. 시간은 과거에서 현재, 현재에서 미래로 나아갑니다. 그 역순은 존재하지 않습니다. 소설이나 영화 속 꾸며낸 이야기로 들릴 뿐입니다. 우리는 이 방향성, 시간의 흐름을 어떻게 인지할까요? 바로 공간을 통해서입니다. 시간의 흐름을 공간의 변화로 알게 됩니다. 공간은 시간과 떨어질 수 없는 개념입니다. 시간과 떨어져서 독립적으로 존재하는 공간은 상상할 수 없습니다. 시간과 공간은 하나의 개념으로 받아들여야 합니다. 그래서 시공간이라는 말을 씁니다.

우리는 시간의 흐름을 공간을 통해 알 수 있습니다. 그런데 우리는 현재의 공간을 볼 수가 없습니다. 인지의 한계로 인해 과거의 이미지만 기억할 뿐입니다. 현재 모습을 인지하여 뇌로 해석하고 마음 공간에 펼쳐놓는 순간, 그것은 이미 과거의 것이 되고 맙니다. 과거를 현재라 착각하며 살고 있는 것이죠.

우리에게 현재라 불리는 '지금'은 '찰나'의 순간입니다. 그 찰나의 이미지가 '지금 여기'입니다. 그 이미지가 연결성을 가지기에 우리는 시공간의 변화를 느끼게 됩니다. 책 아래 그린 조그만 토끼 그림을 빠르게 넘길 때, 그림 속 토끼가 달리는 것으로 느끼는 것과 마찬가지입니다. 이미지의 연결을 시공간의 흐름으로 착각하고 있습니다.

시공간의 펼쳐짐을 통해 우리는 두 가지를 느끼게 됩니다. 이미지에 불과한 토끼가 움직인다는 착각을 일으킵니다. 영화 필름 속 이미지가 움직이는 영상을 만드는 것과 똑같습니다. 또한 평면의 이미지를 입체적으로 느끼게 합니다. 다양한 각도의 이미지를 인지함으로써 2D인 평면을 3D인 입체로 구현하는 겁니다. 세상이 움직이고 우리는 3차원 공간에 있다는 착각의 시작입니다. 그 오류는 이렇게 만들어집니다. 세상은 한 장의 이미지일 뿐이고 그 이미지가 연결되고 있습니다. 시간은 흐르지 않으며 다만 이미지의 번쩍임만이 존재합니다.

'시간'은 존재하지 않습니다. '시'만이 존재합니다. 세상은 찰나에 생겼다가 사라지는 한 장의 종이입니다. 그 이미지가 '지금 이 순간'이라는 '시'를 만들 뿐입니다. 그 '시' 안에 과거, 현재, 미래가 들어 있습니다. 지금 여기에 삶의 모든 가능태가 모여 있습니다.

20살의 저는 알고 있었습니다. 현재가 미래를 포함하고 있음을 알고 있었습니다. 지금 이 순간이라는 시점에 모든 시간의 과정이 담겨 있음을 알고 있었습니다. 에크하르트 톨레의 『이 순간의 나』에서 말하는 핵심입니다. 바로 현존하는 것입니다.

시간은 존재하지 않습니다. 과거, 현재, 미래라는 언어가 있을 뿐입니다. 개념만 있을 뿐, 그 개념에 해당하는 그 무엇이 존재하지 않습니다. 시간은 환영입니다. 시만이 존재하고 있습니다. 살아간다는 것은 과거, 현재, 미래를 사는 것이 아닙니다. 지금 이 순간에 존재하는 것입니다. 오직 지금만이 있을 뿐입니다. 시간이 흐른다는 착각에서 벗어나십시오. 그 착각에서 벗어나 지금 이 순간 존재하십시오. 여기에 모든 것이 있습니다.

우리는 깨어난 적이 없다

여러분, 어제 무슨 꿈을 꾸었나요? 어제 꿈을 기억할 수 있나요? 우리는 잠에서 깨어나면 조금 전 상황을 잊어버립니다. 가끔 기억의 언저리에 머물 때도 있지만, 며칠 지나면 꿈은 꿈처럼 사라집니다. 너무나 생생하고 강렬한 꿈은 오래도록 기억되기도 합니다. 꿈의 생생함 때문입니다. 하지만 대부분은 꿈처럼 잊히고 맙니다. 꿈은 허상입니다. 꿈에서 깨어나는 순간 우리는 꿈을 꾸었다는 생각에 안도합니다. 한숨을 쉬기도 합니다. 꿈에서 나는 부자가 되기도 하고, 왕이 되기도 합니다. 꿈꿔왔던 인생의 주인공의 되기도 합니다. 자기만의 이상형과 결혼하기도 합니다. 반대의 경우도 있습니다. 삶의 전쟁터보다 더 무서운 실제 전쟁터의 주인공이 되기도 합니다. 절벽에서 떨어지기도 하고, 자동차 사고가 나기도 합니다. 하지만 아침에 눈을 떠 꿈임을 확인하는 순간, 우리 앞에 펼쳐졌던 세상은 기억의 저편으로 사라지고 맙니다. 꿈은 허상이고, 내 옆에 있던 그녀는 꿈이 빚어낸 허깨비에 불과한 것이죠. 그런데 과연 그럴까요? 꿈과 현실은 다른 공간의 이야기일까요?

'호접몽(胡蝶夢)'이라는 말이 있습니다. 「제물론」의 장자가 했던 이야기입니다. "꿈에서 내가 나비가 되었다. 훨훨 나는 나비였다. 나스스로 아주 기분이 좋아 내가 사람이었다는 것을 모르고 있었다. 이윽고 잠을 깨니 틀림없는 인간이 나였다. 도대체 인간인 내가 꿈에서 나비가 된 것일까. 아니면 나비가 꿈에서 인간인 나로 변해 있는 것일까." '장자지몽'이라고도 불리는 이야기입니다. 그는 꿈에서 나비의 생생함으로 인해 꿈의 나비와 현실의 나가 구분되지 않았다고 서술했습니다. 꿈에서 깨어나도 그는 여전히 나비였던 것이죠. 그에게 꿈과 현실은 연결되어 있었습니다.

현실을 사는 나①의 입장에서 볼 때 우리의 하루는 이렇게 나눠집니다. 아침에 일어나 오늘을 살아가는 '각성'의 시간, 일을 마치고 집에 들어와 잠이 들고 새로운 인생이 펼쳐지는 '꿈'의 시간, 그리고 꿈도 보이지 않는 '깊은 잠'의 시간입니다. 이 외의 시간은 없습니다. 그렇다면 꿈과 각성의 차이는 무엇일까요? 무엇이 꿈이고, 무엇이 생시일까요? 사람이 자는 동안 뇌에서 일어나는 변화를 살펴볼까요.

우리가 각성 상태에서 수면으로 넘어갈 때는 1단계 비렘수면으로 들어갑니다. 비렘수면은 네 단계로 이뤄져 있는데, 단계가 진행될수록 잠은 깊어집니다. 가장 깊은 잠의 상태가 4단계입니다. 그리고 다시 잠이 얕아지면서 렘(REM, rapid eye movement, 빠른 눈동자의 움직임이 일어나는 시간이며, 우리가 꾸는 꿈은 이때 일어납니다)수면으로 넘어가게 됩니다. 잠을 자는 동안 이런 사이클이 4~5회 반복되고 있습니다.

렘수면과 비렘수면은 뇌파로 구분할 수 있습니다. 비렘수면에서는 진동수가 작은 델타파와 세타파가 주를 이루고 진폭은 크게 나타납니다. 반면 렘수면은 진동수가 큰 알파파와 베타파가 주를 이루고 대신 진폭은 작습니다. 알파파와 베타파는 우리가 깨어 있을 때 주로 나오는 뇌파입니다. 명상이나 학습을 할 때 알파파가 나오며, 일상 활동이나 집중을 할 때 베타파가 나옵니다. 사실 뇌파 패턴만 보면 렘수면과 각성 상태는 별 차이가 없는 것입니다. 생생한 꿈을 꿀 때와 각성 상태의 뇌파는 거의 일치하고 있습니다. 실제 행동 여부의 차이만 있습니다. 근육을 움직이는 신경회로의 활성화만 이루어지지 않기 때문입니다.

우리의 뇌도 꿈과 생시의 차이를 인지하지 않고 있습니다. 뇌 입장에서는 꿈속 스마트폰과 일상의 스마트폰은 같은 것입니다. 다만 우리의 의식이 꿈과 생시를 구분하고 있습니다. '이것은 꿈이다.'라고 꿈에 대해 정의를 내린 것이죠. '꿈은 꿈이고, 생시는 생시다.'라는 규정이 꿈과 일상을 분리하고 있습니다. 그리고 그것을 당연한 앎으로 받아들이고 있습니다.

그러나 사실 꿈에 대한 규정은 나의 의식이 하는 게 아닙니다. 보다 깊은 수준에서 이루어지고 있습니다. 바로 'i'의 의식, 심층 무의식에서 발현되고 있습니다. 심층 무의식에 각인된 꿈에 대한 규정이 의식의 가장 바깥 표면에 위치한 현재 의식에 투영되어, 현실로 드러나는 것입니다. 꿈과 일상은 다르다는 생각이 투영된 것입니다. 꿈은 꿈이고, 현실은 현실이라는 관념이 현재 의식에게 전달되어, 꿈과 생시를 구분 짓게 하고 있습니다.

생각은 무의식의 영감을 받아 펼쳐지는 현상입니다. 따라서 심층 무의식에 각인된 꿈에 대한 정의, 꿈에 대한 관념이 바뀌지 않으면 세상을 제대로 바라볼 수 없게 됩니다. 꿈에 대한 고정 관념은 더욱 단단해집니다. 그 껍질을 깨는 것이 자신의 생각을 바라보고 그 생각을 일으키는 관념을 생각하는 것입니다.

어제의 꿈을 다시 한번 기억해볼까요? 어제의 꿈이 생생하지 않다면, 기억나는 꿈의 상황을 한번 그려보겠습니다. 그곳에는 분명히 '나'가 있습니다. 나는 부자이거나 왕이거나 거지일 수 있습니다. 사람이 아닐 수도 있습니다. 하지만 꿈속에서는 분명히 '나'가 있습니다. 꿈의 주인공이자 꿈속에서 활동하는 '나'입니다.

그리고 또 한 명의 '나'가 있습니다. 꿈속에서 그 활동을 바라보는 '나'가 있습니다. 한 걸음 뒤에서 나의 행동을 바라보고 있습니다. 1인칭으로 활동하는 나의 시점을 넘는 또 다른 눈이 존재합니다.

1인칭의 '나'와 3인칭의 '나'는 꿈에서 공존하고 있습니다. 활동하는 나는 인지되지만, 바라보는 나는 잘 보이지 않습니다. 다만 존재하고 있습니다. 인식되지 않고 존재만 하고 있습니다. 그것이

'나⒤'의 실체입니다. 인지의 대상이 될 수 없기에 인식의 주체로만 존재하고 있습니다.

꿈에서 깨어난 일상에서도 나⒤는 잘 보이지만, 주시자인 나⒤는 잘 드러나지 않습니다. 존재에 대한 각성이 잘 생기지 않습니다. 하지만 꿈에서와 똑같이 현실에서도 '나'는 늘 공존하고 있습니다. 사실 꿈과 일상은 연결되어 있습니다. 일상이 꿈이고, 꿈은 일상의 연장입니다. 세상이 환영인 이유입니다. 꿈에서와 마찬가지로 우리는 늘 두 명의 나와 함께합니다. 석가도 말했습니다. '일체유위법(一切有爲法) 여몽환포영(如夢幻泡影).' 삶은 꿈이라는 이야깁니다.

우리는 꿈에서 깨어난 적이 없습니다. 세상은 의식이 만든 신비로운 현상일 뿐입니다. 심층 무의식에 각인된 이미지가 현재 의식으로 드러날 뿐입니다. 그 이미지 세상을 실체라 착각할 뿐입니다. 세상은 꿈이고 환영이고 이미지입니다.

석가를 이야기했으니, 성경도 한번 살펴볼까요? 하느님은 자신의 형상을 닮은 '아담'을 만들고 세상을 창조합니다. 아담은 물질세계, 현실의 '나'를 대변하고 있습니다. 보여지는 자, 활동하는 에고의 모습이 아담입니다. 성경에서 그는 잠이 듭니다. 하지만 그는 깨어난 적이 없습니다. 성경 어디에서도 아담이 깨어났다는 문구를 찾을 수 없습니다. 우리는 늘 꿈꾸고 있습니다. 삶이라는 꿈에서 우리는 깨어난 적이 없습니다.

'늘 꿈꾸고, 지금이 꿈의 과정임을 알고, 그 꿈 안에서 인생을 즐기는 것.' 제 책상에 붙여져 있는 문구입니다. 미래를 꿈꾸고, 그 꿈이 곧 경험될 이미지라는 것을 알고, 지금 이 순간을 당연한 과정으로 즐기고 있습니다. 그 밑바탕의 앎은 '세상은 꿈이다'라는 깨달음이었습니다. 저는 꿈꾸듯 세상을 살아가고 있습니다. 행복한 꿈을 꾸면 그만인 것이 인생입니다.

꿈에서는 모든 것을 할 수 있습니다. 나의 의지대로 내가 원하는 삶을 살 수 있습니다. 꿈의 주인공이 '나'이기 때문입니다. 하지만 과연 그럴까요? 사실 꿈에서도 나의 기대만큼 꿈이 진행되지 않습니다. 내가 진정한 꿈의 주인이라면 나는 늘 부와 성공을 거머쥔 행복한 꿈을 꾸어야 합니다. 하지만 꿈에서조차 우리는 쫓길 때가 많습니다. 현실만큼 불안하고 공포에 질릴 때도 많습니다. 꿈에 함몰되었기 때문입니다. 꿈을 바라보지 못하기 때문입니다. 꿈이 꿈임을 모른 채, 꿈에서조차 갇혀 있기 때문입니다. 그러다 문득 이것이 꿈임을 알 때가 있습니다.

'아, 이거 꿈이구나. 나는 지금 꿈 속에 있구나.' 꿈이 꿈임을 아는 순간입니다. 바로 자각몽입니다. 이때부터 꿈의 양상은 달라집니다. 내가 원하는 방향으로 꿈의 시간을 움직일 수 있습니다. 내가 원하는 사람이 되고, 내가 가고 싶은 곳을 가며, 갖고 싶은 것도 마음껏 가지게 됩니다. 생각과 감정에 매몰되지도 않습니다. 어떤 시련과 역경에서도 불안과 공포에 휘둘리지 않습니다. 그 상황을 바라보는 힘이 생기기 때문입니다.

현실도 마찬가지입니다. 우리가 현실이 꿈임을 알 때, 우리는 우리를 주시자의 위치로 옮길 수 있습니다. 관찰자의 눈이 생기는 겁니다. 그 눈을 통해 'i'의 위치에서 삶을 창조할 수 있게 됩니다. 나만의 인생을 꾸미게 됩니다.

각성은 꿈에서 깨어나는 것이 아닙니다. 각성은 지금이 꿈임을 아는 것입니다. 꿈의 고정 관념에서 벗어나는 것이 각성입니다. 저는 여러분이 깨어났으면 좋겠습니다. 현재 의식의 착각에서 벗어나 꿈처럼 세상을 즐겼으면 좋겠습니다. 그리고 그곳에서 여러분이 원하는 모든 것을 만들어나갔으면 좋겠습니다. 늘 꿈꾸고, 그 꿈이 나(i)임을 알고, 그 꿈 안에서 인생을 즐겨보시길 바랍니다. 아담은 깨어나지 않았습니다.

03

바이브가 세상을 만든다

여러분은 어떤 인생을 살고 싶나요? 어떤 인생이 펼쳐지길 원하시나요? 인생의 목표는 무엇인가요? 부, 행복, 좋은 관계, 건강, 명예, 권력 등 다양한 지향점이 있을 겁니다. 그리고 그것을 이루기 위해 지금까지 많은 시간과 노력, 비용을 썼습니다. 그런데 한 가지 궁금한 점이 있습니다. 과연 그것들은 여러분의 꿈일까요? 여러분이 설정한 것일까요? 나의 목표는 내가 만든 것일까요? 이상하리만큼 대부분은 그렇지 않습니다.

우리는 타인의 욕망을 꿈꿉니다. 그 욕망이 나의 욕망이라 착각하며 살고 있습니다. 자신의 꿈을 대중의 목표와 맞추려 하고 있습니다. 그들이 원하는 인생이 나의 삶의 방향이라 착각하고 있습니다. 교육 때문입니다. 우리는 그렇게 교육을 받았기 때문입니다. 그렇다고 우리를 가르친 부모님, 선생님에게 책임을 떠넘길 수 없습니다. 그들도 그렇게 교육받았기 때문입니다. 별다른 저항 없이 우리 모두는 사회적 욕망에 길들여진 것입니다.

우리는 내면의 목소리를 들으려 하지 않습니다. 외부의 소리와 사회적 소음에 귀가 멀었기 때문입니다. 진정으로 '나'를 알고, '나'를 바라보는 아이의 목소리에 마음의 문을 닫았습니다. 마음이 원하는 일을 하지 않고, 머리로 판단하는 일상에 익숙합니다. 하지만 아이의 목소리에 반응할 때 우리의 가슴은 뛰기 시작합니다. 아이의 의도와 나의 의지가 일치하기 때문입니다.

그 일치감은 공명을 일으켜 증폭됩니다. 나의 가슴을 뛰게 하고 설렘을 전달합니다. 설렘은 좋은 느낌이 되어 나를 생각하게 하고 행동하게 합니다. 아이의 의도는 영감과 직감의 형태로 생각을 만듭니다. 번뜩이는 아이디어나 창의적 사고가 떠오릅니다. 이 생각이 행동으로 연결될 때 새로운 현실을 창조하게 됩니다. 아이에게 전달된 느낌이 세상을 만들고 있습니다. 이 느낌이 바이브입니다.

『유인력, 끌어당김의 법칙』의 저자 에스더 힉스는 웨인 다이어와 함께 『우주는 당신의 느낌을 듣는다』를 출간했습니다. 책 표지에는 이렇게 적혀 있습니다. "우주는 당신이 하는 말을 듣지 않는다. 당신의 느낌을 듣는다. 매일 아침, 우주와 당신을 정렬하고 당신이 원하는 느낌 속에 머물라." 책의 전체적인 내용이 요약된 부분입니다.

여기서 말하는 우주는 아이(i)를 이야기하고 있습니다. 세상 그 자체가 아이(i)이기 때문입니다. 나(I)를 바라보는 아이(i)는 항상 나(I)에게 바이브를 전달하고 있습니다. '우주와 당신을 정렬하는 것'은 아이의 의도와 나의 의지가 함께 할 때를 말합니다. 이때 좋은 바이브가 전달됩니다. 굿 바이브는 나를 행동하게 합니다. 생각의 불편함이 없고 행동의 찜찜함이 없기 때문입니다. 관념과 일치하는 생각과 행동을 하기 때문입니다. 감정의 저항 없이 생각이 떠오르고 자연스레 말과 행동을 합니다.

바이브가 좋을 때 우리는 미소 짓습니다. 그리고 즐겁게 움직입니다. 그 긍정의 에너지가 긍정의 결과를 끌어들이게 됩니다. 좋은 느낌으로 시작한 일들이 값진 결과로 나타나는 이유입니다.

지금 여러분의 친한 친구 5명을 떠올려 보세요. 깊게 생각하지 말고 떠오르는 사람 5명을 종이에 적어보세요. 이제 종이에 적혀 있는 그 이름을 잘 들여다보세요. 그 5명이 가지고 있는 자산이 얼마나 될까요? 아마 그들의 자산 평균이 여러분의 자산 정도가 될 것입니다. 또한 그들 나이의 평균이 당신이 될 겁니다. 성공 정도도 비슷할 겁니다. 건강의 평균이고 인맥의 평균일 것입니다. 주량과 성향도 마찬가지입니다.

우리는 자신과 비슷한 사람들을 만납니다. 비슷한 정도의 생각을 하고, 많은 의견이 일치합니다. 그렇기에 늘 맞장구를 칩니다. 내 편을 만나는 게 편하기 때문입니다. 그 친구들을 오랫동안 만납니다. 만남의 양상도 비슷합니다. 그들과 보내는 시간도 비슷합니다. 항상 같은 곳에서 술을 먹고, 비슷한 이야기를 합니다. 여러분의 삶이 변하지 않는 이유입니다. 여러분의 3년 전이 지금과 다르지 않은 이유입니다. 앞으로의 3년도 똑같을 수 있습니다.

저는 어릴 때, 너무나 가난했습니다. 구구절절 그 시절 이야기를 하면 책 한 권으로도 부족합니다. 20년간을 냄비에 물을 끓여 머리를 감고 세안을 했습니다. 그때는 몰랐습니다. 그 당시 내 주변에는 가난한 사람들밖에 없었습니다. 엄마도 가난했고 형들도 가난했습니다. 친구도 가난했습니다. 친구의 친구도 가난했고, 형들의 형들도 가난했습니다. 그리고 그들의 평균이 나였습니다. 그 당시 나는 가난에 둘러싸여 있었습니다. 그때는 몰랐습니다. 그 안에 있었기 때문에 보이지 않았습니다. 그렇게 가난을 일상으로 20년을 보냈습니다. 이제는 알고 있습니다.

  가난한 사람과 부자의 차이를 아시나요? 선천적 부자가 아닌, 후천적 부자의 경우는 더욱 확실합니다. 바로 느낌입니다. 부자는 부자의 느낌이 있습니다. 가난한 사람은 가난의 느낌이 있습니다. 성공한 사람은 성공의 바이브가 그를 감싸고 있고, 가난한 사람은 결핍의 분위기를 풍기고 있습니다. 전혀 다른 바이브를 지니며 살고 있습니다.

  바이브는 나와 남에게 전달되는 느낌을 말합니다. 느낌은 두 가지밖에 없죠. 좋은 느낌과 나쁜 느낌입니다. Good Vibe 혹은 Bad Vibe입니다. 그 느낌은 나에게 전달되어 다양한 감정을 만들고 있습니다. 긍정의 감정, 부정의 감정, 또는 알 수 없는 감정을 일으킵니다. 기쁘고, 즐겁고, 환호하고, 행복해합니다. 반면 슬프고, 화나고, 무섭고, 불안하기도 합니다. 바이브는 우리 감정의 출발선입니다. 느낌이 구체화될 때 감정이 됩니다.

우리는 누구나 처음 보는 사람에 대한 느낌이 있습니다. 그 느낌을 첫인상으로 간직합니다. 그와의 첫 만남에서 그의 외모는 기억나지 않습니다. 하지만 그의 인상은 기억됩니다. 인상의 '인' 자가 바로 도장 '인(印)' 자입니다. 한 사람의 인상은 마음속에 도장을 찍듯 '인' 박이게 됩니다. 그 사람의 눈, 코, 입술은 가물거려도 그가 주는 따뜻함, 차가움, 좋은 느낌만은 사라지지 않습니다. 느낌은 우리의 잠재의식에 자리 잡기 때문입니다.

누군가를 만나 시간을 보낼 때 우리는 여러 감정을 느끼게 됩니다. 감정은 느낌이 해석되어 나타난 호르몬의 신체적 발현입니다. 행복감에 심장이 두근거리고 설렘에 박동이 빨라집니다. 따뜻함에 미소가 생기고 즐거움에 웃음이 퍼집니다. 두려움에 숨이 멎기도 하고 공포감에 소름이 돋기도 합니다. 분노가 올라 목이 뻐근해지거나 긴장감에 땀이 흐릅니다. 호르몬이 요동치기 때문입니다.

2~3시간의 만남이 지나면 우리는 감정의 소용돌이에서 빠져나옵니다. 그때 우리에게는 하나의 씨앗이 만들어집니다. 그에 대한 느낌이 응축됩니다. 무의식적이고 직관적인 느낌이 씨앗의 형태로

응축됩니다. 그리고 그 느낌은 나의 잠재의식, 심층 무의식에 각인됩니다. 한 사람의 첫인상은 이렇게 만들어집니다.

대승불교의 '유식학'에서는 이런 과정을 '현행훈종자'라고 표현했습니다. 현재의 행위가 종자로 전달된다는 의미입니다. 전달되는 곳은 심층 무의식입니다. 유식학에서는 이곳을 '아뢰야식'이라 표현했습니다. 아뢰야식은 씨앗의 창고를 의미하는거죠.

'아뢰야'는 고대 산스크리트어에서 기원합니다. 산스크리트어 '알라야'를 음역한 것으로 '곳간'의 의미를 가지고 있습니다. 우리가 알고 있는 히말라야산맥의 히말라야는 히마(눈)와 알라야(곳간)의 합성어입니다. 눈이 쌓인 곳간이 히말라야인 것이죠. 즉 느낌의 씨앗이 심층 무의식 곳간에 저장되어 있습니다. 그 느낌과 그 사람의 이미지가 인상으로 각인됩니다. 사실 인상을 넘어 세상 모든 것들, 우주의 삼라만상도 마찬가지입니다. 심층 무의식에 각인된 이미지와 바이브가 드러난 곳이 세상입니다. 우주(Universe)는 바이브(Vibe)와 바이브와 연결된 이미지(Image)의 투영, 즉 'U=VI'입니다.

바이브가 세상을 만듭니다. 인생의 다양한 경험은 경험에 대한 느낌을 낳습니다. 그 경험은 나도 모르게 하나의 씨앗(VI)으로 저장됩니다. 상황에 대한 이미지와 그에 동반된 바이브가 각인된 것입니다. 삶이 힘겨운 것은 우리를 힘들게 하는 상황 때문이 아닙니다. 상황은 한 장의 장면, 이미지일 뿐입니다. 이미지는 우리를 힘들게 할 수 없습니다. 이미지에 동반된 감정이 우리를 힘들게 합니다. 화나고, 슬프고, 우울한 감정이 우리를 힘들게 하는 것입니다. 그 감정의 시작이 바이브입니다.

심층 무의식에 각인된 이미지가 현실의 상황을 드러내고, 바이브는 상황에 대한 감정을 만듭니다. 그리고 그 감정과 동반되어 여러 가지 호르몬의 변화가 나타납니다. 현실에 대한 두려움과 설렘, 답답함과 두근거림은 바이브의 신체적 증상입니다. 하지만 우리는 이런 감정의 경험을 통해 성장하게 됩니다. 감정의 체험을 통해 나는 또 다른 감정의 씨앗을 만들어갑니다. '현행훈종자'는 인생의 경험을 통해 새로운 바이브를 만드는 과정입니다. 아이(i)에게 있어 지구별 여행의 목적은 경험이기 때문입니다. 다양한 삶이 펼쳐지는 이유입니다.

우리(I)는 그런 경험을 위해 이 땅에 초대받았습니다. 다양한 감정을 경험하고, 그 감정을 허용하고, 감정의 통합을 통해 근원으로의 회귀가 우리 삶의 목적인 것입니다. 세상 모든 감정이 통합될 때 나타나는 감정이 있습니다. 그것이 사랑입니다. 사랑은 모든 감정의 총합입니다. 우리가 느끼는 감정은 사랑 안에 하나가 됩니다. 아이(i)의 본질은 사랑이기 때문입니다. 그것이 여러분입니다. 여러분이 사랑입니다.

04

나는 죽음 너머에 있다

인턴 때 일이었다. 나는 강릉에 있는 동인병원에서 파견 근무를 했다. 당시 강릉에 있는 가장 큰 2차 병원이었다. 두 달간 응급실에서 근무했다. 다양한 응급 환자가 다양한 시간에 내원했다. 걸어오는 사람보다 실려오는 사람이 더 많았다.

삶과 죽음의 갈림길에서 나는 많은 시간을 보냈다. 많은 사람을 살리기도 했고, 안타까운 죽음을 맞이하기도 했다. 술 취한 사람들에게 맞기도 했고, 감자와 고구마를 받기도 했다. 감사의 손편지도 받았다. 하지만 아직도 잊히지 않는 장면이 있다.

그녀의 아버지는 심근경색이었다. 새벽 2시, 모두가 잠든 시간에 앰뷸런스 소리와 함께 응급실로 실려왔다. DOA였다. Dead on Arrival로 응급실에 도착했을 때는 이미 숨을 거둔 상태였다. 앰뷸런스에서 응급 구조사가 CPR을 진행했지만 소용없었다. 그의 호흡은 멎어 있었다.

죽은 사람은 말이 없다. 죽은 사람은 눈물도 없다. 슬픔과 눈물은 남은 사람의 몫이다. 어머니는 일찍 돌아가시고, 아버지와 둘이 사는 고등학생 딸의 모습이 보였다. 심장 끝에 유리 조각이 박힌다. 그녀는 말없이 눈물만 흘렸다. 갈 곳을 잃어버린 그녀의 눈에 내가 보였다. 얼마 전 할머니의 죽음을 맞이했던 나의 모습이 보였다.

"선생님, 저희 아빠 돌아가신 거예요? 어제만 해도 저랑 같이 저녁 먹고 아무렇지 않았는데, 갑자기 왜 그런 거예요? 왜요? 내일 같이 등산 가기로 했는데, 이제 어떡해요. 아부지랑 저랑 둘이 사는데 이제 어떡해요."

목울대가 막히면서 어떤 말도 나오지 않았다. 숨이 막히고, 눈두

덩이가 벅차오른다. 코가 막히고 심장이 어지럽게 요동치지만 난 그녀에게 말해줘야 한다. 지금의 상황을, 아버지의 죽음을.

사인은 심근경색이었다. 가슴을 쥐어짜는 통증과 과거 협심증 병력, 고혈압 등으로 추정할 수 있었다. 그런데 그게 전부일까? 왜 사람은 죽음을 맞이할까? 왜 사람은 준비조차 하지 못한 채 죽음을 맞이하는 것일까? 10분 전의 그는 삶의 공간에 머무는 존재였다. 하지만 죽음의 문턱을 넘는 순간 그의 에너지는 생명을 다하게 된다. 삶과 죽음은 연결되지 않는다. 삶과 죽음은 찰나의 순간 결정된다. 세상은 이미지의 찰나생멸(刹那生滅)이기 때문이다.

"아빠는 돌아가신 게 아니야. 그렇게 불려질 뿐이야. 너도 배웠잖아. 아빠의 몸을 이루는 원자나 전자 같은 미립자는 절대 사라지는 게 아니란다. 아빠가 잠시 지구별에 내려왔을 때, 그것들이 아빠의 몸을 잠시 이뤘다가, 이제 조금 느슨해진 거야. 아빠를 이루던 그것들이 어디로 가겠니? 아빠는 절대 네 곁을 떠나지 않아. 네 주변에 머물면서, 늘 너와 함께하고 있어."

그녀에게 해주었던 마지막 말이었다.

. . .

세상에는 두 명의 나가 존재합니다. 물질세계의 나⑩와 그를 바라보는 아이⑪입니다. 삶과 죽음은 나⑩의 이야깁니다. 우리는 출생, 성장, 죽음의 과정을 거치고 있습니다. 에고의 입장에서 보면 당연합니다. 우리의 현재 의식이 그렇게 인식하기 때문입니다. 앞서 말한 현재 의식의 한계 때문입니다. 늘 새로운 과거가 연결되기에 '시간은 연속성이 있다'고 착각합니다. 단순한 이미지의 연결을 통해 세상의 변화가 보이고, 이미지의 입체감이 생기는 거죠. 공간의 변화를 통해 시간의 흐름을 느끼고 있습니다. 시공간이 변한다는 착각이 생기는 겁니다. 그리고 그 착각에 빠져, 시간의 흐름을 하나의 고정관념으로 각인시켰습니다. 우리는 그렇게 시간을 받아들이고 있습니다. 그래서 우리⑩는 출생해서 성장하고 죽음을 맞이하는 것입니다. 하지만 앞서 말했듯, 현재가 과거의 기억을 만들고, 미래가 현재의 상황을 만든다면, 사실 우리는 출생해서 죽음을 맞이하는 것이 아닙니다. 죽음에서 출생이 펼쳐지고 있는 것입니다.

그렇게 이해할 수 있지만 아직은 동의할 수 없을 겁니다. 우리는

1차원의 시간에 머물러 있기 때문입니다. 시간을 느끼기만 할 뿐, 바라볼 수 없기 때문입니다. 시간의 연속성을 한 걸음 뒤에서 바라볼 때, 우리는 또 다른 진실을 접하게 됩니다.

아이(i)의 자리에서 바라볼 때, 나(I)는 시간의 편견에서 벗어나게 됩니다. 아이(i)는 무한의 에너지를 가진 존재입니다. 에너지의 본질이며, 우주의 끝이자 시작인 존재입니다. 성경에서도 이야기하고 있습니다. "나는 길이요, 진리요, 생명이다.", "나는 알파요, 오메가다." 이때의 나는 아이(i)를 말하고 있습니다.

아인슈타인의 상대성 이론을 통해 알게 된 사실이 있습니다. 속도와 중력의 무한 상태에서는 나의 시간은 멈추어 있습니다. 외부의 시간만이 빨리 흐르게 됩니다. 'i'의 눈에는 'I'의 시간만이 흘러가고 있습니다. 사실은 이미 모두 흘러가버렸습니다. 아이(i)는 나(I)의 출생과 성장, 죽음을 이미 완료된 형태로 바라보고 있습니다. 1차원의 시간을 2차원의 자리에서 내려다보는 겁니다.

1차원인 '선'의 세상에 살 때 우리 눈에는 선이 '점'으로 보입니다. 선에 서 있을 때 선은 점으로 보이는 거죠. 한순간의 시간만 인식할 수 있습니다. 하지만 2차원인 '면'의 세상으로 넘어가면 우리는 시간의 '선'을 볼 수 있습니다. 과거, 현재, 미래의 트랙을 하나의 선으로 볼 수 있는 겁니다. 시(시점)를 볼 수 있는 나(I)의 눈이 아닌 시간(간격)을 바라볼 수 있는 아이(i)의 눈이 생기게 됩니다. 그곳에서 나의 삶 전체를 아이의 눈으로 바라볼 수 있습니다. 전체를 관조할 수 있는 주시자의 시선입니다.

죽음 너머의 삶, 사후 세계에 대한 연구는 양자물리학자들에게도 관심의 대상이었습니다. MIT, 프린스턴대학, 스탠퍼드대학의 양자물리학자들은 지구상의 생명체가 살 수 없는 공간을 만들어보았습니다. 완벽한 사후 세계의 환경을 구현한 것이죠. 그들은 큰 방 크기의 공간에 모든 생명체가 얼어 죽도록 기온을 절대 영도(섭씨 영하 273.15도)까지 떨어뜨렸습니다. 살아 있는 생명체는 열을 발산합니다. 하지만 생명의 에너지를 잃게 되면 열을 발산하지 않습니다. 즉 절대 영도에서는 어떠한 생명체도 존재할 수 없는 거죠. 조용한 죽음만이 존재할 뿐입니다. 하지만 그 공간에서도 뭔가 빛을 내며 움직이는 것이 보였습니다. 바로 미립자(핵, 전자, 양자)의 진동이었습니다.

그들은 한 번 더 죽음의 상태를 만들어보았습니다. 눈에 보이는 물질뿐 아니라, 보이지 않는 공기와 가스도 완벽하게 제거하였습니다. 진공 상태를 만든 것이죠. 절대 영도의 진공 상태에서는 그 무엇도 존재할 수 없습니다. 가장 철저한 죽음의 환경인 것입니다. 하지만 그곳에서도 미립자는 여전히 빛을 발하고 있었습니다. 지구상의 생명체가 존재할 수 없는 완벽한 죽음의 공간에서도 그들은 여전히 존재하고 있었습니다. 죽음 너머의 'i'는 그곳에서도 늘 빛나고 있었습니다.

미립자는 사라지지 않습니다. 늘 그곳에 머물러 있습니다. 사실은 세상도 마찬가지입니다. 세상은 미립자들의 일시적인 결합 상태일 뿐입니다. 임시로 연결된 미립자의 이미지가 세상입니다. 나와 여러분도 마찬가지입니다. 우리를 이루는 몸, 세상을 구성하는 사물들, 이 모든 것은 영원히 사라지지 않는 미립자의 일시적 연결일 뿐입니다. 그리고 그 연결은 세상과도 연결됩니다. 20세기 최고의 물리학자, 아인슈타인도 양자물리학이 발달하기 전에 이런 사실을 알고 있었습니다. 동생의 죽음으로 인해 삶의 의욕을 잃은 한 랍비를 위해 그가 쓴 편지가 있었습니다. 당시 이 편지가 뉴욕 타임스에 실렸습니다. 그 내용을 전하며 오늘의 이야기를 마치려고 합니다.

"인간은 우주라 불리는 전체의 티끌에 불과합니다. 인간은 자신을 우주와 분리된 개체로 보며 살아가지만 그건 시각적 착각일 뿐입니다. 이런 착각이 인간을 고통의 감옥에 빠뜨립니다. 이 비좁은 감옥에서 벗어나 모든 생명체를 연민의 감정으로 껴안고 살아야 합니다. 물론 그런 완전한 경지에 이를 사람은 아무도 없겠지만, 비좁은 감옥에서 벗어나려는 노력 자체만으로 고통에서 해방될 수 있습니다."

05

생각은 내가 하는 게 아니다

"경기 가평군의 한 펜션에서 극단적 선택을 시도한 30대 남녀가 소방당국에 의해 구조됐다. 25일 가평소방서에 따르면 이날 낮 12시 50분께 가평군의 한 펜션에서 투숙객들이 극단적 선택을 했다는 내용의 신고가 접수됐다. 전날 오후 9시께 입실한 투숙객들이 퇴실 시간이 다 돼도 문을 열어주지 않고 전화도 받지 않아 펜션 관계인이 문을 열고 방으로 들어가 쓰러져 있는 투숙객들을 발견해 신고했다."

최근 이런 뉴스를 심심치 않게 볼 수 있다. 자살. 자살은 자신에 대한 살인이다. 사람에 대한 최고의 범죄가 자살이다. 자살은 본인이 하지만, 슬픔은 남겨진 사람의 몫이다. 자신을 사랑했던 모든 사람들에게 씻을 수 없는 상처를 남긴다. 특히 부모에게는 평생의 한을 남긴다. 부모는 자식의 죽음을 가슴에 묻는다. 죽는 순간까지 슬픔으로 자리 잡게 된다.

자살은 인간이 저지를 수 있는 가장 잔혹한 행위다. 하지만 20~30대의 사망 원인 대부분이 자살이라는 사실은 시사하는 바가 크다. 특히 연예인, 아이돌, 유명인들의 자살은 자살의 일상화라는 느낌마저 주고 있다. 그들이 주는 베르테르 효과는 생각보다 심각하다. 특히 정체성이 정립되지 않는 청소년들에게는 치명적이다.

우리나라에서 자살은 생각보다 흔하다. 특히 20~30대의 사망 원인 1위가 자살이다. 15~19세 사이에서도 2위다. 미국에서도 청소년 사망 원인의 3위가 자살이다. 암과 같은 불치병의 사망률은 의학의 발전으로 인해 급속도로 낮아지고 있다. 교통사고와 같은 사고사도 낮아지고 있다. 하지만 자살만은 그렇지 않다. 당사자가 자의적으로 저지르는 것이기에 예방할 수가 없다. 매년 자살하는 사람은 늘고 있다.

자살은 왜 하는 것일까? 그들은 왜 극단적 선택으로 생을 마감하는 것일까? 이유는 알 수 없다. 죽은 자는 말이 없고, 우리는 그들에게 어떤 답도 들을 수 없다. 단지 추정해볼 뿐이다.

정신건강의학과 전문의 동생이 있다. 종종 모임도 하고, 술도 마시는 동생이다. 언젠가 그가 이런 말을 했다.

"형, 우리 과 환자와 다른 과 환자의 차이가 뭔지 알아?"
"뭐지? 그냥 너네 과는 정신적으로 힘든 부분을 도움받으려고 오는 거 아냐?"
"물론 그렇지, 하지만 가장 큰 차이가 있어. 그건 삶에 대한 관점의 차이야. 우리 과에 오는 사람들은 '나 죽고 싶다'고 말하며 들어와. 잘 생각해봐. 다른 과에 가는 사람들은 그렇지 않거든. 그들은 '나 살고 싶다, 더 건강하게 살고 싶다. 그러니 도와 달라'고 오는 거야."

생각해 보면 맞는 소리다. 정신적으로 힘든 사람에게는 고통과 괴로움이 매일 반복되고 있다. 부정적 생각이 마음을 가득 채우고 있다. 그 생각이 현실을 부르고 있다. 마음속 부정적 에너지가 죽음의 이미지를 그리고 있다. '죽고 싶다'는 말이 일상인 그들에게, 죽음은 멀리 있는 대상이 아니다. 자살은 그들에게 가까운 선택이었다.

· · ·

세상은 마음 공간에 펼쳐진 한 장의 이미지입니다. 그들의 마음에는 죽음의 이미지가 가득 차 있습니다. 이미지가 생각을 만들고, 생각은 현실이 되는 거죠. 이미지에 동반된 바이브는 감정을 일으킵니다. 그래서 늘 죽음을 생각하고, 부정적 감정에 매몰되게 됩니다. 표정은 어둡고, 말과 행동은 차갑습니다. 삶의 열정은 찾아보기 힘들고, 눈빛은 죽어가고 있습니다. 죽음의 이미지는 자살이라는 현실로 연결됩니다. 자신을 괴롭히던 불안, 우울, 분노, 공포의 감정은 죽음이라는 현실 앞에 정리됩니다. 그들은 해결하려 노력한 것이 아닙니다. 도망치려 한 것입니다. 매일매일 찾아오는 죽음의 생각에서 벗어나고, 동반된 부정적 감정에서 풀려나려 한 것입니다. 자살은 생각의 굴레에서 탈출하려는 마지막 몸부림이었습니다. 하지만 생각의 늪에 빠져 생을 마감하게 됩니다.

여러분, 생각은 누가 하는 것일까요? 여러분은 생각을 여러분이 한다고 생각하나요? 내가 내 생각의 주인일까요? 절대 그렇지 않습니다. 생각은 내가 하는 것이 아닙니다. 생각은 내가 만드는 것이 아닙니다. 그래서 나는 내 생각의 주인이 아닙니다. 생각은 나타나는 겁니다. 생각은 그냥 떠오르는 것입니다. 생각은 나도 모르게 나의 의지와 무관하게 이미지로 떠오릅니다.

만약 내가 생각을 한다면 우리는 어떤 생각을 하게 될까요? 나를 괴롭히고 힘들게 하는 생각을 스스로 만들까요? 여러분을 불행하게 하는 생각을 내가 만들어낼까요? 싫어하는 생각, 나를 불안에 빠트리는 생각을 할 수 있을까요? 당연히 그렇지 않을 것입니다. 생각의 주인이 나라면 나는 늘 즐겁고, 행복한 생각만을 할 것입니다. 내가 싫어하고 나를 힘들게 하는 생각은 그냥 꺼버릴 것입니다. 문득문득 드러나는 부정적 생각도 스스로 차단할 것입니다. 그런데 과연 그럴 수 있습니까? 행복한 생각만을 켜고, 부정적 생각은 차단할 수 있나요?

우리는 절대로 그럴 수 없습니다. 내 생각은 나 스스로 컨트롤

할 수 없습니다. 생각은 내가 만드는 것이 아니기 때문입니다. 생각은 떠오르는 것이기 때문입니다. 나타나는 것입니다. 나의 의지와 무관하게 생각은 내 마음속 공간에 펼쳐집니다. 그리고 한번 떠오른 생각은 연속됩니다. 이미지의 연결성 때문입니다. 찰나에 나타난 이미지는 한 장의 잔상이 되고 다음 이미지와 연결됩니다. 그러면서 비슷한 이미지를 계속 끌어당기게 됩니다. 부정적 생각이 또 다른 부정성을 부르는 이유입니다. 생각의 늪에 빠지는 과정입니다.

우리는 생각의 주인이 아닙니다. 생각 공장장은 따로 있습니다. 우리는 단지 공장 스크린에 펼쳐진 이미지를 내 생각이라 착각할 뿐입니다. 그 생각을 내가 하고 있다고 느끼고 있습니다. 하지만 생각은 내가 하는 게 아닙니다.

생각은 아이⑥가 하고 있습니다. 아이의 공간, 심층 무의식에 각인된 이미지를 생각으로 펼쳐내고 있습니다. 아이가 드러내고 있습니다. 그 생각을 내가 하는 것입니다. 아이의 인식된 이미지를 나는 생각으로 인지하고 있습니다. 우리는 생각을 받아들이는 수신기 역할만 할 뿐입니다.

생각은 심층 무의식에 각인된 이미지입니다. 아이의 마음속 이미지입니다. 그리고 그 이미지에 바이브가 동반될 때 관념은 생명력을 지니게 됩니다. 생명을 얻은 관념은 현실에 투영됩니다. 관념은 에너지를 지닌 하나의 인격체로 드러나게 됩니다. 그 인격체를 내면 아이라 부르기도 합니다. 내면 아이의 생명력이 바이브입니다. 각인된 그림을 생각으로 드러나게 하는 힘이 바이브입니다. 새겨진 이미지를 우리의 머릿속으로 투사하는 에너지가 바이브입니다.

생각에 대한 생각을 바꿔야 합니다. 관념의 이미지가 세상을 만들고, 관념에 동반된 바이브가 느낌을 일으킵니다. 나에게 생각이 나타나고, 생각은 하나의 상황을 만들고 있습니다. 그 상황과 동반된 바이브는 나를 판단하게 합니다. '이건 좋은 상황이야. 이건 좋지 않은 사건이야.' 세상을 양분합니다. 분별하고 분리합니다. 그러면서 그에 맞는 감정을 따라오게 합니다.

우리를 힘들고, 지치게 하는 것은 상황이 아닙니다. 생각이 우리를 힘들게 하지 않습니다. 사건이 우리를 지치게 하지 않습니다. 사건에 동반된 느낌과 감정이 우리를 힘들게 합니다. 현실의 상황과 연결된 불안, 공포, 우울, 비참함이 우리를 힘들게 합니다. 우리를 쓰러지게 합니다. 바이브가 자살을 일으키는 이유입니다. 자살의 이미지가 생각으로 다가오고 상황에 대한 바이브는 판단으로 연결되어 감정으로 이어집니다. 그리고 그 부정적 감정이 행동을 일으킵니다. 이미 죽음을 맞이한 느낌, 바이브가 자살이라는 극단적 선택을 만드는 것입니다.

우리는 우리의 생각을 살펴봐야 합니다. 나에게 어떤 생각이 떠오르고, 어떤 느낌이 동반되는지 살펴봐야 합니다. 아이가 느끼는 생각을 우리는 관찰해야 합니다. 내 눈에 나타난 현실과 그에 동반된 감정을 분석하는 것입니다. 내면 아이와의 만남은 여기에서 시작됩니다.

부정적 상황과 그에 동반된 나쁜 느낌이 나타날 때, 우리는 그 생각과 느낌을 바라볼 수 있어야 합니다. 첫 번째 과정이 그곳에서 한 발짝 물러나는 것입니다. 생각이 떠오르고 감정이 물결칠 때, 우리는 그것과 하나가 됩니다. 생각에 빠지고 감정에 매몰됩니다. 생각이 '나'고, 감정이 '내'가 됩니다. 그것과 엉켜버립니다. 그것이 나의 정체성이 되어 현실에 나타나버립니다. 그 동일시에서 벗어나는 것이 첫 번째 단계입니다. 탈동일시는 '알고 알아주는 것'으로 시작합니다.

'이것은 생각이네. 이것은 느낌이고 감정이네.'라고 알아주는 것입니다. 생각을 알아주고 생각에 꼬리표를 달아주는 것입니다. 어떤 생각이 드러날 때, '아, 이건 생각이구나, 아 내가 지금 이런 생각을 하고 있구나.' 하고 생각이 나타났음을 알아주는 겁니다. 감정이 나타날 때 감정이 나타났음을 알아주고 그 감정에 이름을 붙이는 겁니다. '아, 불안이 나타났네, 이렇게 우울한 감정이 생겼네, 내가 누구를 미워하고 있구나, 나 공포심에 떨고 있네.' 드러난 감정을 알아주고 감정의 이름표를 달아주는 겁니다. 생각, 감정과 떡이 된 나를 한 걸음 뒤에서 알아주고 생각과 느낌, 감정을 관찰하는 겁니다. 그 탈동일시를 통해 나는 생각을 관찰하고, 감정을 관찰할 수 있습니다.

생각을 바라보는 힘은 생각과 동일시된 에고의 탈출에서 시작됩니다. 감정과 하나 된 나는 왓칭하는 '눈'을 통해 자유로워집니다. 생각의 굴레를 벗어나고, 감정의 늪에 빠지지 않게 됩니다. 현실에 매몰되지 않고, 현실을 흘러가게 하는 여유가 생깁니다.

떠오르는 생각을 관찰해보십시오. 생각과 하나가 되지 말고, 생각의 주인인 아이의 자리로 옮겨 가보십시오. 생각에 끌려다니는 삶에서 벗어나보세요. 생각의 노예가 아닌 관념의 주인으로 살아보시길 바랍니다. 그곳에서 생각, 감정, 느낌을 바라보는 여유를 즐겨 보십시오. 진정한 삶의 주인으로 거듭나게 될 겁니다. 세상을 창조하고 바라보는 아이의 생각을 하게 될 것입니다. 그때 알게 될 겁니다. 생각은 내(i)가 하는 것입니다.

06

목련이 질 때

겨울이 지나 봄이 다가오고 있다. 이곳 서울숲에도 봄의 기지개가 켜지는 것 같다. 새벽에 조깅을 하러 나왔다. 아직은 쌀쌀한 3월의 봄바람이 코끝을 시리게 한다. 알싸한 새벽 공기에 콧물이 맺힌다. 한 바퀴를 돌고 나니 저편에서 햇살이 비친다. 해는 추운 바람을 뚫고 나의 볼에 와닿는다. 그 따스한 느낌에 눈을 감아본다. 서울숲의 아침 공기가 나를 지나간다. 어떤 저항도 없이 흘러간다. 나의 코를 거쳐 폐를 지나 뱃속 깊숙이 퍼지는 느낌이다. 그리곤 어느 순간 흩어져버린다. 숲의 정기가 나에게 들어온 기분이다. 그 연결성 안에서 아이⑴와의 만남을 잠깐 가져본다. 숨 쉬는 내가 아닌 세상의 한 부분으로 나를 바라본다. 그 느낌을 간직한 채 눈을 떠본다. 어느새 나의 입꼬리는 올라가 있고, 약간의 미소를 머금고 있다. 굿 바이브가 나를 감싸고 있다. 다시 신발 끈을 묶고 한 바퀴를 더 돌아본다. 기분 좋은 하루의 시작이다.

조깅을 마치고 집으로 돌아가는 길, 눈앞에 목련이 보였다. 아직은 앙상한 가지만 드러낸 채 꼿꼿이 겨울을 이겨내고 있다. 작년 봄에 이곳에서 목련을 보았다. 같은 자리에 있던 그 목련이다. 목련은 벚꽃보다 먼저 봄을 알려준다. 봄의 시작은 목련과 함께한다. 목련은 나무의 연꽃이다. 인도에서 연꽃을 생명의 근원이라 부르듯, 나무의 연꽃인 목련은 계절의 시작을 알리고 있다. 목련의 꽃봉오리는 피어날 때 북쪽을 바라보고 있다. 우리 조상들은 이 모습을 보고 북향화라 부르기도 했다. 목련은 화려한 꽃잎을 피운 채 봄의 정기를 다 품고 우리에게 다가온다. 그리고 어느새 식어간다. 가지에 매달린 꽃잎들이 하나둘씩 떨어질 때 봄은 지나간다.

소설가 김훈은 목련에 대해 이런 말을 했다.

"목련은 등불을 켜듯이 피어난다. 꽃잎을 아직 오므리고 있을 때가 목련의 절정이다. 목련은 자의식에 가득 차 있다. 그 꽃은 존재의 중량감을 과시하면서 한사코 하늘을 향해 봉우리를 치켜 올린다. 꽃이 질 때, 목련은 세상의 꽃 중에서 가장 남루하고 가장 참혹하다. 누렇게 말라 비틀어진 꽃잎은 누더기가 되어 나뭇가지에서 너덜거리다가 바람에 날려 땅바닥에 떨어진다."

목련은 화사한 추억을 간직한 채 툭 하고 져버린다. 목련과 함께 봄도 져버린다.

· · ·

생각, 감정, 느낌은 늘 우리와 함께하고 있습니다. 아이의 이미지가 생각을 만들고, 생각에 동반된 바이브가 느낌과 감정을 일으킵니다. 우리는 하루의 대부분을 생각하며 보내고 있습니다.

한 연구에서는 인간은 하루에 6,200번 정도의 생각을 한다고 합니다. 캐나다 퀸스대 조던 포팽크 박사팀이 발표했습니다. 한 생각이 끝나고 다른 새로운 생각이 시작되는 시점을 센 결과입니다. 인간은 1분에 6.5회 정도의 생각의 전환을 하고 있다고 합니다. 이를 수면 시간을 제외한 시간을 곱해 결과를 추정하였습니다. 사실 포착되지 못하고 스쳐 지나간 생각은 이보다 훨씬 많을 것입니다. 생각과 감정은 늘 우리와 함께하고 있습니다.

문제는 생각의 이미지를 판단하고 분별하는 데 있습니다. 그 분별을 통해 감정이 드러나고 있습니다. 생각은 이미지입니다. 한 장의 이미지가 세상으로 드러나고 있습니다. 그 이미지는 선악이 없습니다. 옳고 그름이 없습니다. 그냥 연결된 이미지로 펼쳐질 뿐입니다. 문제는 그 이미지를 바라보는 나①의 눈입니다. 생각의 틀로 그 이미지를 해석하고 있습니다. 이미지에 불과한 세상을 나의 눈으로 규정합니다. 그 기준에 맞춰 선악을 나누고 호불호를 정합니다. 분별하고 판단하여 내가 원하는 세상을 정의합니다. 그리고 그 이미지에 판단의 꼬리표를 붙여버립니다. 이런 상황은 내가 원하는 모습이고, 저런 현실은 받아들일 수 없습니다. 내가 원하는 미래와 원치 않는 현실을 나누고, 그 미래만을 추구하려 합니다. 지금의 현실은 받아들일 수 없는 것입니다.

선하고, 아름답고, 풍족한 미래가 내가 원하는 모습입니다. 초라하고 결핍된 지금의 모습은 외면하고 싶습니다. 거부하고 저항하고 싶습니다. 그래서 마음공부를 시작하는 것입니다. 시크릿으로 대변되는 마음공부를 통해 지금의 현실을 벗어나고 싶습니다. 내가 원하는 미래를 상상을 통해 만들고 싶습니다. 마음이 물질을 만드는 그 마법을 나도 누리고 싶습니다. 하지만 쉽지 않습니다. 현실은 늘 그대로인 것 같고, 시크릿은 소수만 누리는 특권 같습니다.

나의 현실은 그들처럼 바뀌지 않습니다. 왜 다른 사람들은 되는데, 나는 안 될까? 조바심이 생기기 시작합니다. 그리고 초조해집니다. 포기할까? 또 다시 내려놓고 싶습니다. 시크릿 이런 거 다 사기인가? 의구심이 들고 화도 나고 있습니다. 그래도 놓을 수는 없습니다. 수없이 많은 영성 서적과 유튜브에서 마음의 힘을 말하고 있기 때문입니다. 이런 거라도 안 하면 힘든 현실을 벗어날 수 없을 것 같습니다. 그러면 다시 시작합니다. 다시 시각화하고 확언하고 종이에 써 내려갑니다. 그리고 얼마 안 가서 또 실망합니다. 이런 패턴이 반복됩니다. 늘 비슷한 삶의 양상이 펼쳐집니다.

왜 그럴까요? 왜 내 인생에는 시크릿이 작용하지 않을까요? 이유는 하나입니다. '내'가 하기 때문입니다. 여러분이 하기 때문입니다. 에고의 자리에서 아이를 바꾸려 하기 때문입니다. 의식으로 무의식을 바꾸려 하기 때문입니다. 대상의 위치에서 주체를 바꾸려 하기 때문입니다. 결과가 원인을 바꾸려고 하니 순서가 바뀐 것입니다. 원인이 결과를 바꿀 수 있습니다. 아이가 나를 변화시킬 수 있습니다.

생각은 우리를 가두고 있습니다. 의식의 세상에 우리를 묶어둡니다. 늘 판단하고 분별하는 '나'를 만들고 있습니다. 나는 판단합니다. 나는 생각합니다. 하지만 사실 생각은 떠오르는 것이고 판단은 생각의 부작용일 뿐입니다. 판단은 세상을 허용하지 못하게 합니다. 나의 기준에 부합되는 이미지만을 나는 허용하고 싶습니다. 결핍보다 풍요를, 없음보다 있음을, 낮은 곳보다 높은 곳을, 뒤보다는 앞을 원하고 있습니다. 그래서 우리는 늘 두렵습니다. 있는 것은 없어지고 높아지면 낮아지기 때문입니다. 앞에 있다 보면 어느새 뒤처져 있습니다. 세상은 상대성이 작동하기 때문입니다.

늘 하나만을 고집하며 살 수 없습니다. 없음이 있어야 있음이 존재할 수 있습니다. 하지만 있음에 대한 집착이 삶을 힘들게 합니다. 그 집착의 무게로 인해 없음은 큰 상실과 슬픔으로 다가옵니다. 그래서 죽음이 두려운 것입니다. 삶에 대한 무수한 집착이 죽음의 두려움을 키우고 있습니다. 집착 없이, 주어진 삶을 허용하고, 지금 여기를 사랑하고, 있는 그대로에 감사하며 지낼 수 없습니다. 그래서 인간은 괴로움에 빠집니다. 우리는 늘 미래를 꿈꾸지만 그 미래의 끝은 두렵습니다. 에고가 간직한 최고의 모순입니다.

곧 화사한 목련이 필 것 같습니다. 봄을 알리는 목련이 봉우리를 피울 때, 우리는 그의 곁에서 사진을 찍습니다. 아름답다고 탄성을 지르기도 하고, 나무를 꼭 껴안아주기도 합니다. 너무 많은 사람들이 몰려 펜스를 치기도 합니다. 봄의 전령사로 목련은 절정을 이루게 됩니다. 그러다 잎이 시들고 비루해지기 시작합니다. 꽃잎은 누렇게 말라 비틀어집니다. 나뭇가지에서 너덜거리다가 바람에 날려 이내 땅바닥에 떨어지고 맙니다. 주변에는 아무도 없습니다. 그 많던 사람들이 떨어지는 목련에는 관심이 없습니다. 아름답기는커녕 추하다고 말합니다. 더럽고 남루하다고 합니다. 목련은 청소하는 아저씨의 빗자루에 쓸려갈 뿐입니다. 사실 우리는 목련을 본 적이 없습니다. 우리의 판단이 목련을 바라보고 있었습니다. 우리의 생각과 분별심만이 목련을 해석할 뿐입니다.

목련은 그냥 피었다가 질 뿐입니다. 지구별에서의 자기의 역할을 할 뿐입니다. 아이의 인식이 목련의 이미지를 만들고 있습니다. 하지만 우리는 목련을 '아름답다'고 하고, '추하다'고 합니다. 아름다운 것도 목련이고 추한 것도 목련입니다. 사실 목련은 아름답지도 추하지도 않습니다. 아름다움과 추함이라는 것은 결국 에고의 판단이고 분별이고 구별입니다. 목련에 원래 있던 것이 아닙니다. 현상을 선택하고자 하는 에고의 모순입니다. 현상은 허용하는 것이지 판단하고 간택하는 것이 아닙니다.

시크릿의 본질은 나의 상상이 현실을 만드는 것이 아닙니다. 시크릿은 아이이 인식이 존재를 부르는 것입니다. 그 존재는 나의 허용을 통해 펼쳐집니다. 그리고 그 펼쳐지는 과정이 현상으로 보여집니다. 현재는 찰나 이미지며, 이미지에 동반된 바이브는 감정을 만듭니다. 우리는 삶을 만드는 주체가 아닙니다. 삶은 우리가 만드는 것이 아니라 저절로 펼쳐지는 것입니다. 그 과정을 허용하고 변화를 인지하는 것이 나의 역할입니다. 그 허용을 통해 아이의 인식이 자연스럽게 삶으로 드러나고 있습니다.

아이가 모든 것을 하고 있습니다. 나는 그것을 인지할 뿐입니다.

아이를 믿으세요. 아이가 여러분이며 그 인식이 여러분의 삶입니다. 여러분의 삶을 믿으세요. 그러면 지금 여기를 허용할 수 있습니다. 조금씩 보이고 있나요? 여러분이 아이입니다.

07

사는 이유는 없다

"어휴, 인간아, 왜 사니?"

옆자리에 앉은 남녀의 대화가 들린다. 삼겹살을 먹으며 술잔을 기울이고 있을 때였다. 꽤 심각한 이야기를 나누는 듯한 분위기였다. 30대 중반의 여성이 앞에 앉은 남성에게 꾸짖듯이 말을 던졌다. 앞에 앉은 남성은 말이 없다. 부부인가? 연인인가? 한참이 지나서야 남자의 목소리가 들렸다. "나도 모르겠어."

문득 친구한테 묻고 싶었다. "너 왜 살아?" "또 시작이다." 내 친구도 말이 없다. 술이나 먹자며 빈 잔을 채운다. 질문에 대한 답이 싫은 건지, 답이 없는 건지는 잘 모르겠다. 하지만 분위기는 알 수 있다. 이런 질문은 딱 질색이다. 한잔을 마시고 나에게 다시 묻는다. "넌 왜 사는데?" 난 답했다. "그냥 사는 거지."

나는 그냥 산다. 사는 데 큰 이유는 없다. 아침에 눈이 떠졌고, 하루가 시작되었다. 나도 모르게 숨을 쉬고 있고, 내 의지와 상관없이 심장은 뛰고 있다. 습관적으로 양치질을 하고 면도를 한다. 샤워하면서 샴푸를 하고 세안을 한다. 그냥 한다. 의식적으로 이렇게 해야지 생각하며 행동하지 않는다. 늘 하던 대로 익숙한 모습으로 출근 준비를 한다. 차를 타고 늘 가던 길을 운전한다. 어떤 길로 갈까 고민하지 않는다. 생각하기 전에 손이 먼저 돌아간다. 습관대로 운전하고 같은 길로 들어선다. 그리고는 어느새 병원에 도착해 있다.

여기까지, 과연 이 모든 것을 내가 한 것일까? 내가 내 의지대로 병원에 온 것일까? 전혀 그렇지 않다. 나의 습이 오늘의 출근길을 만들었다. 무의식에 박혀 있는 행동 패턴이 그냥 드러난 것일 뿐이다. 아이의 관념이 '나는 이런이런 길로 출근하는 사람이다.'라는 규정으로 나타난 것이다. 나의 생각대로 나의 의지대로 행동한 것이 아니다. 관념이 펼쳐지는 대로 그냥 세상이 드러난 것이다. 난 그 세상의 좀비다. 말 그대로 난 무의식의 좀비일 뿐이다. 관념이 시키는 대로 움직일 뿐이다. 여러분도 마찬가지다.

여러분은 여러분이 인간이라 생각하는가? 내 의지대로 생각하고, 말하고, 행동한다고 느끼는가? 세상의 주체는 '나'고, 삶의 주인공은 '나'라고 생각하는가? 전혀 아니다. 여러분은 생각의 주체가 아니다. 생각 공장의 공장장이 아니다. 말과 행동도 마찬가지다. 여러분은 아이가 시키는 대로 드러날 뿐이다. 심층 무의식에 여러분의 주인이 있다. 나는 그의 대리인일 뿐이다. 그가 원하는 경험을 위해 나를 이용하고 있다. 아이가 펼쳐내는 세상을 나의 오감과 의식을 통해 대리 경험할 뿐이다. 사실은 그가 경험하고 있는 것이다. 지구별의 여행을 나를 통해 하고 있다. 그래서 우리는 왜 사는지 모르는 것이다. 아이가 사는 것이기 때문이다.

여러분의 생각, 감정, 느낌은 무의식의 이미지와 바이브가 전달된 것이다. 내가 생각을 만든 게 아니라 생각은 전달되어 떠올랐고, 감정은 일으킨 게 아니라 저절로 나타났다. 아이의 마음 공간에 얽혀 있는 관념의 그물망이 현실로 나타난 것일 뿐이다. 내가 하는 게 아니라 나는 하게끔 되어 있다. 그것을 아는 것이 깨달음이다. 진리는 내가 하는 게 아님을 아는 것이다. 삶은 스스로 만드는 게 아니라 연기에 따라 펼쳐진다. 나와 너, 나와 세상의 관념의 연동이 연기로 나타나는 것이다. 우리는 모두 서로의 무의식적 관념에 참여하고 있다. 세상이 나의 관념으로만 펼쳐지는 게 아니다. 삶이 복잡한 이유다.

나의 본질은 두려움이다. 그 두려움의 기저에는 생존에 대한 방어기제가 있다. 내가 이 몸임을 인지한 에고는 너무나 나약한 모습에 두려움을 느낀다. 내 주변의 짐승들은 너무나 강하고, 자연은 너무나 무서운 상대다. 해가 뜨고 해가 지고, 달이 뜨고 달이 진다. 계절은 바뀌며 동물은 겨울 잠 자고, 식물의 낙엽은 떨어진다. 모든 것들이 일사분란하게 변해간다. 그 세상 안에서 자신의 생명을 유지하고, 종족을 보존하기 위한 방어기제가 두려움이다. 여기보다 안전하고, 지금보다 따뜻한 더 나은 삶을 위한 밑바탕의 감정이 두려움이다. 그래서 욕망은 두려움과 짝을 이루고 있다. 보다 나은 미래를 위한 욕망에는 지금 삶에 대한 두려움이 있는 것이다.

아이의 본질은 사랑이다. 그 사랑의 기저에는 경험에 대한 허용이 있다. 세상을 펼쳐내는 아이는 그 통로로서 나를 선택한다. 나라는 채널을 통해 세상을 보고, 듣고, 맛본다. 두려움을 느끼는 나를 통해, 또 다른 욕망의 감정도 느껴본다. 슬퍼하는 나를 통해 슬픔을 느끼고, 기뻐하는 나를 통해 즐거움을 느낀다. 그리고 또 다른 경험을 위해 그 감정들을 내려놓는다. 아이는 하나의 감정에 집착하지 않는다. 그 감정과 결부된 생각, 상황을 잡지 않는다. 그래서 사랑은 허용과 짝을 이루고 있다. 보다 많은 생각, 그 느낌, 그 감정을 사랑하기 위해 온전히 그것들을 허용하고 있다. 지금 여기, 있는 그대로의 바이브를 온전히 느끼고 있다.

에고의 괴리감은 이렇게 시작된다. 나는 욕망하고, 아이는 허용한다. 나는 보다 나은 미래를 위해 살고 싶고, 아이는 지금 여기를 온전히 느끼고 싶다. 숙제하는 나와 축제를 즐기는 아이는 늘 공존한다. 하지만 자신을 삶의 주인이라 생각하는 에고의 착각 속에 아이의 모습은 잘 드러나지 않는다. 세상을 만들고 나를 움직이는 아이의 모습은 나의 그림자에 숨어 있게 된다. 그 망상에서 벗어나야 한다.

세상은 아이가 살고 있다. 그가 나를 통해 세상을 경험한다. 그래서 삶의 이유는 없다. 내가 사는 게 아니기 때문이다. 특별한 의

미가 있어서 사는 것이 아니다. 어떤 가치를 위해 내가 사는 게 아니다. 나는 아이의 경험을 대리하고 있다.

그 아이는 매 순간을 경험하고 있다. 그에게 있어 세상은 매 순간이 의미고 매일이 가치가 있다. 그래서 의미와 가치를 찾을 필요가 없는 것이다. 매 순간이 의미인데, 의미를 찾는 것이 무슨 의미가 있겠는가?

일상이 무의미하고, 삶의 가치를 잃은 나는 그것을 찾기 위해 살고 있다. 자신의 꿈에 의미를 담고, 미래의 목표에 가치를 부여한다. 여기보다는 저기의 나를, 현재보다는 미래의 삶을 더 의미 있고 가치 있는 모습이라 상정한다. 그래서 나는 오늘을 살지 않는다. 나는 내일을 살고 싶다. 오늘을 살지 않는 우리에게 오늘을 사는 이유를 묻는 것이 아이러니다.

$\cdots$

여러분, 우리가 사는 이유는 없습니다. 우리는 그냥 살면 됩니다. 지금 여기, 우리는 있는 그대로 온전합니다. 믿기 힘드시겠지만 우리는 지금 이대로 완벽합니다. 초라하고, 부족하고, 결핍된 자신이 보이나요? 불안에 떨고, 두려움에 사로잡힌 답답한 모습이 보이나요? 완벽과는 전혀 다른 나에게 의심이 생기시나요? 하지만 여러분, 여러분은 그 모습 그대로 완전합니다.

여러분의 과거, 현재, 미래는 지금 여기에 모두 드러나 있습니다. 지금 이 순간은 과정으로 완벽하게 나타나 있습니다. 현재는 과정으로 표현되고 있으며, 과거와 미래는 그 과정과 연결된 원인이고 결과입니다. 원인이 있으면 과정이 있어야 하고, 과정이 있어야 결과가 있습니다. 지금의 과정을 허용하고 오늘을 받아들일 때, 결과와 원인도 허용하게 됩니다. 그 흐름 속에 여러분의 미래가 펼쳐집니다.

저는 다음 주에 여름휴가를 갑니다. 올해는 가평 근처 펜션을 가보려고 합니다. 저의 휴가는 단출합니다. 조용한 곳에서 책 보고 산책하고 명상합니다. 일상을 벗어나, 업무를 벗어나, 사람을 벗어나 혼자의 시간을 보내고 있습니다. 그 속에서 아이를 만나고 있습니다. 산속을 걸으며 문득문득 아이가 나에게 말을 겁니다. 눈을 감으면 그 목소리를 내가 내고 있습니다. 명상을 하며 호흡할 때는 그 숨결과 하나가 됩니다. 아이와 함께 숨 쉬고 있습니다. 책을 읽고 책을 쓰면서 저의 깨달음을 여러분과 공유하고 있습니다. 매순간이 의미고 가치입니다. 저는 그렇게 살고 있습니다.

삶의 이유는 없습니다. 우리가 해야 할 숙제는 하나였습니다. 그것은 태어나는 것입니다. 태어난 순간 우리의 할 일은 그것으로 끝나버렸습니다. 삶의 미션을 끝내고, 또 다시 숙제하는 삶을 살 필요는 없습니다. 이미 우리는 끝냈습니다. 단지 우리가 그것을 까먹었을 뿐입니다.

삶의 시작을, 우리의 탄생을 기억하지 못하기 때문입니다. 이미 다 끝냈음을 망각한 채, 인생을 즐기지 못하고 있습니다. 그 착각에서 벗어나십시오. 인생의 답을 찾으려는 그 망상에서 벗어나길 간절히 기도합니다. 우리가 답입니다. 우리는 이미 그런 존재입니다. 아이가 하고 있습니다. 아이가 만드는 삶을 즐겨보시길 바랍니다. 삶에 있어 의미와 가치는 없습니다. 여러분이 의미고 가치입니다. 여러분이 답입니다.

Vivid Imagination with Belief of Equalization

3장

흔적

돈의 속성

"돈은 인격체다. 돈이 사람처럼 사고와 감정과 의지를 지닌 인격체라고 하면 누군가는 받아들이기 힘들어 한다. 인격체란 스스로 생각하고 자아를 가진 개별적 실체를 뜻하기 때문이다. 돈은 스스로 생각하지도, 움직이지도 않으며 단지 숫자로 이뤄졌을 뿐이니 왠지 억지처럼 느껴질 수 있다. 하지만 비즈니스에서는 회사도 인격을 부여받는다. 바로 법인이다. 여기에는 인(사람 인)이 붙는다. 법인은 사람과 동일하게 소송을 하고 소송을 당하기도 하며 하나의 주체처럼 개인과 싸우거나 협의하거나 협력할 수 있다."

『돈의 속성』의 작가 김승호 회장의 이야기입니다. 저는 이 말에 동의합니다. 그가 부자라서, 그가 유명한 작가라서 그의 편을 드는 것이 아닙니다. 그의 권위가 아닌 그의 생각에 동의합니다.

돈은 인격체입니다. 돈은 인격체이기에 돈은 그와 비슷한 사람을 좋아합니다. 자신과 비슷한 생각을 하고, 느낌이 통하는 사람을 만나는 거죠. 누구일까요? 바로 부자입니다. 돈은 부자를 좋아합니다. 그리고 그와 함께 다닙니다. 부자는 돈이 많은 사람이 아닙니다. 부자는 돈이 좋아하는 사람입니다. 부자는 돈을 좋아하고, 돈은 부자를 좋아하기에 그 둘은 늘 함께합니다. 부자가 부에 집착하지 않아도 돈이 그를 따르는 이유입니다.

'여러분 주변에 부자가 있습니까?'
'최근에 만난 친구 5명 중에 부자가 있습니까?'

불편한 질문인가요? 하지만 최근에 만난 친구 5명의 자산 평균이 나의 재산임을 알게 되면 더욱 불편해집니다. 거부감이 들지만 계산해보면 틀린 숫자가 아닙니다. 더욱 당황스럽습니다. 저도 그랬습니다. 제가 가난했던 시절, 제 주변 사람들은 모두 가난했습니다. 엄마가 가난했고, 친구가 가난했습니다. 집도 가난했습니다. 형들도 가난했고, 친척들도 가난했습니다. 이웃도 가난했으며, 이웃의 이웃도 가난했습니다. 내 눈에 들어오는 모든 사람이 가난했습니다. 세상은 철저하게 가난에 물들어 있었습니다. 따뜻한 물이 나오지 않아 냄비에 물을 끓여서 머리를 감았고, 목욕과 샤워는 꿈도 꾸지 못했습니다. 겨울에는 집 안에서도 패딩을 입었고, 잔소리하는 엄마의 입에서는 김이 나왔습니다.

가난은 공포였습니다. 추억과 낭만으로 포장하기에 가난은 너무나 잔인한 단어입니다. 그것은 경험해본 사람만이 알고 있습니다. 다시는 돌아가고 싶지 않은 삶의 단어입니다. 하지만 가난은 경험하는 것이지 지속하는 것이 아닙니다. 가난을 지속하는 것은 병입니다. 가난하게 태어난 것은 어쩔 수 없지만, 가난하게 죽는 것은 병든 것입니다. 가난의 병이 생기면 가난은 매일 펼쳐집니다. 마음의 가난이 삶의 가난으로 드러나기 때문입니다. 가난한 마음의 투사가 삶의 고단함으로 펼쳐집니다. 가난한 내면은 가난한 현실을 계속 보여주게 됩니다.

부는 느낌입니다. 부자는 부자의 느낌이 드러난 것입니다. 부의 느낌이 내 주변을 감쌀 때, 나의 세상은 부자의 삶으로 펼쳐집니다. 여러분 주변에 부자나 혹은 부자로 생각되는 사람들을 살펴보십시오. 그들은 부자의 느낌을 풍기고 있습니다. 부의 분위기가 그를 감싸고 있습니다. 그들 스스로 부자라 생각하고, 우리도 그들을 부자로 바라봅니다. 그들의 부의 느낌은 우리에게 고스란히 전달되고 있습니다. 부의 바이브를 지녔기 때문입니다.

바이브는 느낌을 말합니다. 부자가 지닌 부의 바이브는 우리에게 전달됩니다. 그리고 그 바이브가 그에 대한 생각과 감정을 일으킵니다. 그에 대한 부자의 이미지를 만들고 내면에 각인됩니다. 나의 관념으로 자리 잡은 그의 부는 나의 현실에서 드러납니다. 부자인 그는 그만의 노력만으로 된 것이 아닙니다. 나의 내면이 그를 부자로 만들고 있습니다. 그리고 그 이미지에 부러움의 감정을 일으킵니다. 혹은 시기와 질투를 느낄 수도 있습니다. 하지만 대부분의 사람들은 부자를 보고, 그와 비슷해지길 원합니다. 어떻게 부자가 되었는지 물어보고 싶고 그를 따라 하고 싶어 합니다. 시중에 나와 있는 돈, 경제, 부자학에 대한 책들이 베스트셀러로 팔리는 이유입니다.

돈도 인격체입니다. 돈도 생각과 감정을 가지고 있습니다. 그 생각과 감정이 돈의 움직임을 만들고 있습니다. 돈도 자신이 원하는 곳으로 움직이게 됩니다. 그 흐름의 본질이 바이브입니다. 부자가 지닌 바이브는 우리뿐 아니라 돈도 움직이게 합니다. 부의 바이브가 그를 더욱 부자로 만드는 것이죠.

부자가 되고 싶나요? 경제적 풍요를 누리고 싶나요? 돈이 여러분을 사랑하게 하고 싶나요? 그러면 한 가지만 명심하십시오. 부의 바이브를 지니는 겁니다. 이미 부자가 된 느낌, 그 바이브를 간직하십시오. 바이브는 Vivid Imagination with Belief of Equalization의 앞 글자를 딴 단어입니다. 여러분이 원하는 미래(vivid image)를 이미 이룬(belief of equalization) 느낌이 바이브입니다. 미래에 펼쳐지는 삶의 과정이 지금이었음을 알 때, 그 느낌이 바이브입니다. 결과에서 펼쳐지는 과거가 지금임을 안다면, 우리는 결과의 바이브를 지니고 오늘을 살 수 있습니다. 미래를 당겨 현재를 사는 방법입니다. 그 바이브가 여러분을 부의 세계로 이끌고, 여러분의 풍요를 만들어줍니다. 믿기지 않으시나요? 믿을 수 없나요? 하지만 사실입니다. 그리고 진실입니다.

세상의 자수성가한 부자들 혹은 자신도 모르게 부의 반열에 오른 사람들이 가지고 있는 비밀입니다. 그래서 시크릿이라 불립니다. 그들만의 시크릿입니다. 세계적인 베스트셀러『시크릿』의 작가 론다 번이 말했던 생각이 현실을 만들고, 상상이 세상을 만드는 것은 바로 바이브가 그 원천이기 때문입니다.

내 안에 존재하는 상상은 바이브와 함께 세상의 이미지로 드러납니다. 부자의 느낌은 그 느낌과 동반된 부의 이미지를 현실에 나투어냅니다. 경제적 풍요를 누리고, 부의 여유로움 속에 살아가게 됩니다.

그 여유로운 바이브가 나의 세상에 전달되면 부와 풍요를 끌어당기게 됩니다. 세상은 나를 부자로 바라보고, 세상은 나를 부자로 인식합니다. 그들의 관념에 '저 사람은 부자야.'라는 규정이 자리 잡기 때문입니다. 그 인식이 그들의 바탕의 앎이 되며, 그들의 무의식에 고정 관념으로 각인됩니다.

세상은 나와 나 아닌 모든 사람의 관념이 연동하여 만든 공간입니다. 나의 바이브가 나를 부자로 만들고, 그들에게 전달된 나의 바이브는 그들의 세상에서도 나를 부자로 만듭니다. 나의 세상에서도 부자고 그들의 세상에서도 부자입니다. 나의 세상과 그들의 세상의 교집합에는 부자인 나의 삶이 있습니다. 나의 경제적 풍요는 이렇게 펼쳐지는 것입니다.

내가 만드는 나의 세상, 현실 창조는 먼 곳에 있는 것이 아닙니다. 자신의 바이브를 정리하여 재규정할 때, 세상은 달라집니다. 생각이 세상을 만들고, 생각은 관념에서 출발하지만, 관념을 드러내는 에너지는 바이브에 있습니다. 내면의 이미지가 현실의 그림이라면, 그림에 생명을 불어넣는 것이 바이브입니다. 이것이 현실창조의 시크릿입니다. 시크릿은 책에 있는 게 아닙니다. 시크릿은 여러분의 느낌에 존재합니다. 그 키가 바로 바이브입니다.

바이브가 좋으면 우리는 그를 바라보게 됩니다. 그와 함께 시간을 보내고 싶습니다. 나에게 좋은 느낌으로 다가오는 사람과 시간을 공유하고 싶은 마음은 인간의 본능과도 같습니다. 돈도 마찬가지입니다. 부의 바이브를 지니고, 부자에 대한 긍정의 마음을 가져보십시오. 돈은 우리에게 다가와 꽃을 피우고, 열매를 맺을 겁니다. 내가 부를 부르기도 전에 바이브가 풍요를 당기기 때문입니다. 여러분은 돈에 대해 어떤 느낌을 지니고 있나요? 부자를 바라볼 때 어떤 마음으로 보고 있나요? 부를 긍정하고 부자에 대한 호감을 가지고 있습니까? 풍요의 바이브를 지니고 있나요? 김승호 작가의 글로 마무리하려고 합니다.

"돈은 법인보다 더 정교하고 구체적인 인격체다. 어떤 돈은 사람과 같이 어울리기 좋아하고 몰려다니며, 어떤 돈은 숨어서 평생을 지내기도 한다. 자기들끼리 주로 가는 곳이 따로 있고 유행에 따라 모이고 흩어진다. 자기를 소중히 여기는 사람에게 붙어 있기를 좋아하고, 함부로 대하는 사람에겐 패가망신의 보복을 퍼붓기도 한다. 작은 돈을 함부로 하는 사람에게선 큰돈이 몰려서 떠나고 자신에게 합당한 대우를 하는 사람 곁에서는 자식(이자)을 낳기도 한다."

02

킵 고잉 Keep Going

"머릿속에 떠오른 아이디어를 실행하기가 쉽지 않은 이유가 뭘까? 둘 중에 하나일 것이다. 게으르거나 혹은 너무 똑똑하거나. 특히 똑똑한 사람은 한두 시간만 지나도 더 좋은 방안이 떠오르니 계속 아이디어를 개선하다 보면 실행할 타이밍을 놓친다. 생각은 거의 빛의 속도로 이뤄지지만 행동하는 데는 물리적 한계가 있다."

100만 유튜브 채널 〈신사임당〉의 주언규 작가가 출간한 『킵 고잉』에 나오는 내용이다. 주 작가는 언론사에서 직장인으로 근무하다 쇼핑몰 창업을 시작으로 사업적 성공을 거두었고 이후 돈, 사업, 성공 등 다양한 분야에서의 이야기를 풀어내고 있다.

생각은 빛의 속도로 이뤄진다. 생각은 내가 하는 게 아니기 때문이다. 생각은 내 마음속 아이가 전달하고 있다. 영감을 통해 의식의 표면에 드러나는 것이 생각이다. 심층 무의식의 관념이 생각으로 펼쳐지게 된다.

거창한 아이디어나 기발한 생각은 나의 의지로 만든 것이 아니다. 무의식에 각인된 이미지가 영감을 통해 생각의 형태로 드러난 것일 뿐이다. 다만 생각의 전달은 바이브가 동반될 때 이뤄진다. 좋은 바이브를 간직해야 하는 이유다. 좋은 느낌, 굿 바이브는 마음에 찜찜함이 없는 상태다. 가슴 깊은 곳에서 느껴지는 편안한 상태가 굿 바이브다. 찜찜하지 않고, 억지스럽지 않은 자연스러운 상태에서 우리에게 전달된다.

• • •

굿 바이브는 우리 내면의 아이(i)와 내(I)가 공명할 때 나타납니다. 공명이란 에너지 파장이 커지는 상태로 두 에너지의 상태가 정렬되었을 때 나타납니다. 내면의 나와 외연의 나가 일치할 때 우리는 좋은 느낌을 받게 됩니다. 잔잔한 평화로움과 은은한 지복감도 나타납니다. 이때 내부로부터 좋은 영감을 받게 됩니다.

'유레카'로 유명한 아르키메데스는 이런 내면의 평화로움 속에서 왕관의 불순물을 측정하는 방법을 알게 됩니다. 욕조 안의 따뜻한 물이 우리 몸을 이완시키고 긴장을 풀어준 역할을 한 것이죠. 몸이 이완되니 정신적 긴장이 풀어지면서 내면 아이(i)를 허용하는 환경이 만들어진 겁니다.

오늘 밖에 날씨가 너무 좋습니다. 전형적인 가을 하늘입니다. 이렇게 날씨 좋은 날 산책을 해보세요. 바삭한 햇살을 맞으며 시원한 공기를 마셔보세요. 가벼운 발걸음에 기분마저 좋아집니다. 입가에 미소가 생기고 마음은 조금씩 설레고 있습니다.

우리는 이럴 때 종종 아이디어를 얻습니다. 스스로 알 수 없는 어떤 힘에 이끌려 창조적 에너지가 나타납니다. 혁신적 아이디어가 떠오르고 좋은 사업 아이템도 구상할 수 있습니다. 굿 바이브가 우리를 감싸고 있기 때문입니다. 좋은 느낌을 간직할 때, 우리 머릿속에는 나의 의지와 상관없이 좋은 영감이 전달되고 있습니다.

풀리지 않는 문제로 하루종일 힘들어하고 있을 때, 얽히고설킨

다양한 사건들로 머리가 터져버릴 때가 있습니다. 온종일 사무실에 앉아 혹은 책상에 머리를 감싼 채 몇 시간을 고민합니다. 그래도 문제는 해결되지 않습니다. 퇴근 시간이 다가와도 머릿속의 실타래는 그대로 있습니다. 그러다 퇴근할 때 혹은 잠시 밖을 나와 걸을 때, 우리는 알 수 없는 힘으로 해결의 실마리를 얻습니다. 전혀 다른 관점에서 문제를 바라보기 시작합니다. 전에 없던 원인들도 보이기 시작합니다. 그러면서 해결책이 나타납니다. 누구나 경험했던 순간입니다. 그 영감의 에너지가 바로 굿 바이브입니다.

"'감사합니다.'라는 말을 하루에 열 번 하면 반드시 감사할 일이 생기게 됩니다." 제가 강의할 때나 직원들 회의에서 자주 하는 말입니다. '감사합니다.'라는 말이 주는 감성이 있습니다. 따뜻하고 기분 좋아집니다. '감사합니다.'라는 말을 할 때, 감사함을 주는 상대가 고맙고, 감사한 세상에도 고마움을 느낍니다. 상대에 대한 존중도 생기고, 나에 대한 자존감도 높아집니다. 즐거움과 행복함 감정이 생기게 됩니다. 나도 모르게 긍정의 마음이 생기면서 얼굴에 미소가 스며듭니다. '감사합니다.'라는 단어를 통해 굿 바이브가 드러나는 순간입니다.

매사에 감사하고, '감사합니다.'라는 말을 자주 사용해보세요. 남에게 전달한 감사의 단어는 동시에 우리 귀에도 들어옵니다. '감사합니다'의 단어는 나의 내면에 전달되고 좋은 영감의 씨앗이 됩니다. '감사합니다.'라는 말을 반복할 때, 그 단어와 그 바이브를 가장 많이 인지하는 사람은 바로 자신이기 때문입니다.

기분이 좋아지면 나도 모르게 반응하게 됩니다. 행동하게 됩니다. 기분 좋은 일은 스스로 하게 됩니다. 억지스러움은 마음 밑바닥에 싫어함이 깔려 있다는 증거입니다. 아무리 내가 좋아한다고 다짐하고, 확언하고, 종이에 써보더라도 마음속 찜찜함은 사라지지 않습니다. 좋은 느낌이 생기지 않기 때문입니다.

학창 시절을 생각해 보세요. 시험 기간이 다가왔습니다. '나는 공부를 좋아하고, 수학과 영어에 취미가 있다.'라고 생각해도 절대 생각대로 되지 않습니다. 공부가 재미있다고 자기 최면을 걸어도 책상 앞에 앉을 수 없습니다. 밑바탕의 앎은 공부가 싫다는 것을 알기 때문입니다. 아무리 노력해도 노력하는 것은 잘 이루어지지 않습니다. 노력은 억지스럽기 때문입니다. 마음속 찜찜함을 간직한 채 행동하기 때문입니다. 하지만 좋아하는 일은 스스로 찾게 됩니다. 주변의 만류에도 불구하고 스스로 찾아서 행동하게 됩니다.

좋아하는 게임을 밤새도록 하고, 맛있는 음식을 먹기 위해 몇 시간째 줄을 서기도 합니다. 아이돌 콘서트를 가기 위해 지방에서 몇 시간 이동도 하고, 사랑하는 연인을 위해 추운 날씨에 기다리기도 하죠. 기분이 좋아지기 때문입니다. 좋아하는 일은 기분 좋은 일이고, 아무리 힘들어도 시작할 수 있습니다. 억지로 시키지 않아도 스스로 행동하게 됩니다.

행동의 게으름을 거스르는 핵심은 마음의 즐거움입니다. 굿 바이브가 행동하게 하고, 행동이 세상을 바꾸게 됩니다. 생각은 빛의 속도를 따르지만, 행동은 물리적 시간에 머물러 있습니다. 하지만 그 생각에 바이브가 동반될 때 우리는 빛의 속도로 행동하게 됩니다. 나도 모르게 조금씩 발이 움직입니다.

아침에 일어나 세안을 하고 여러분을 바라보세요. 그리고 '감사합니다'를 열 번 말해보세요. 거울에 비친 얼굴에 자신의 미소를 발견할 것입니다. 마음 깊은 곳에서 솟아오르는 긍정의 느낌을 전달받을 겁니다. 그 바이브를 간직한 채 하루를 시작해보십시오. 하루의 시작을 감사함으로 시작할 때, 하루의 끝은 즐거움으로 채워질 것입니다. 문득 거울에 비친 얼굴에 미소가 깃들어 있고, 여러분은 행복과 따뜻함의 자리에 머물게 될 것입니다.

굿 바이브가 여러분을 여러분의 자리로 이끌 것입니다. 찜찜한 길이 아닌 자명한 길로 인도할 것입니다. 그리고 그 길은 여러분의 길이 될 것입니다. 다른 사람이 만든 길이 아닌 스스로의 길로 인도할 것입니다. 알고 있습니까? 사실은 여러분이 길입니다.

03

부의 확장

"창의적인 아이디어는 발상이 아니라 연상이라는 말이 있다. 남들이 시도해보지 않은 연결 고리를 찾기 위해서는 그 행위를 일부러 연습해보는 수밖에 없다. 서로 연관이 없어 보이는 생각들의 연결점을 찾는 연습을 하다 보면, 이런 연결고리들을 수집하는 효과도 있다. 그게 수천, 수만 개가 쌓이다 보면 어떠한 상황도 자신의 방식으로 연결할 수 있는 힘이 생긴다. 그 힘이 인생을 바꾼다. 사업을 하든, 기획서를 쓰든 블로그를 운영하든 발상이 필요한 모든 영역에서 재미있는 이야기들을 연결하여 펼칠 수 있게 되는 것이다."

천영록, 제갈현열 작가가 공저로 출간한 『부의 확장』의 내용이
다. 이 책의 부제는 연결, connect다. 저자는 세상의 부를 창조하고
성취하려면 세상에 펼쳐진 부와 자신을 연결하라고 말하고 있다.
그중에서 자신이 가진 무형의 자산과 유형의 자산인 돈의 연결을
강조하고 있다. 많은 부분에서 공감되었고 특히 '연결'이라는 단어
에 주목하게 되었다. 세상은 연결되어 있기 때문이다.

세상은 연결되어 있다. 나는 세상과 연결되어 있고 나는 내 안의
나와 연결되어 있다. 그 연결이 나라는 기준을 통해 해석되고 있을
뿐이다. 연결이라는 단어는 분리라는 단어를 전제하고 있다. 분리
되어 있기에 연결되어 있다고 역설적으로 말하는 것이다. 인간이
가진 기본적인 본능이 분리감이다. 분리감이 없으면 연결이라는
단어는 탄생하지 않았다.

인간이 태어나서 가장 먼저 학습하는 것은 모방이다. 신생아 시
기에 엄마의 '까꿍', '우쭈쭈', '부르르르'는 모방을 유도하는 부모들
의 행동이다. 이런 반복적 행동을 통해 자신의 모습을 아이가 따라
하길 바란다. 태어난 아이는 엄마의 행동을 따라 하며 모방하기 시
작한다. 그 행동과 동반된 꺄르르 웃는 모습은 부모의 행복을 일으

킨다. 그러면 부모는 그 행동을 반복하게 된다.

행동뿐 아니라 언어 습관도 이때 만들어진다. '엄마, 아빠'라는 단어를 옹알거릴 때 부모들은 형언할 수 없는 기쁨에 사로잡힌다. 그 즐거움을 알리기도 하고, 돌잔치를 열어 축하해주기도 한다. 이때 아이는 분리감을 느끼기 시작한다. 그리고 이 분리감을 축하해주는 부모를 바라보며 이원성을 느끼기 시작한다. 나와 부모는 분리되어 있으며, 나는 '나'이고 부모는 '너'인 것이다. 내가 있기에 너가 있고, 너의 모습을 내가 따라 하고 있다. 연결된 세상의 분리감은 이런 모방 훈련에서 시작되는 것이다.

나와 너가 분리되어 있다는 느낌은 나와 세상이 분리되어 있다는 느낌으로 확장된다. 세상은 연결된 것이 아니라 따로 분리되어 있다. 나와 너, 나와 세상에 존재하는 모든 것들은 따로 떨어져 존재하는 것이다. 각각의 존재 값을 가진 채 고유한 실체를 가진 그 무엇으로 인지하기 시작한다. 그 실체는 고유하고 개체적이며 단단한 물질로 존재한다. 나의 존재와도 무관하게 독립적으로 존재한다고 믿게 된다. 내가 없어도 그들은 존재하는 것이다. 착각의 시작이다.

· · ·

세상은 연결되어 있습니다. 앞서 말했듯 세상은 나의 의식일 뿐입니다. 눈앞에 스마트폰은 나의 의식이 만든 결과물입니다. 나의 시각과 나의 현재 의식이 화합해 만든 이미지일 뿐입니다. 실체가 있는 '실'이 아니라, 의식이 만든 '식'일 뿐입니다. 내가 인식하지 않으면 실체는 존재하지 않습니다. 인식이 존재를 부르고, 실체는 인식 없이는 존재할 수 없습니다. 스마트폰은 단단한 물질이 아니라 하나의 에너지 상태일 뿐입니다. 그것이 우리의 인식을 통해 존재로 드러날 뿐입니다. 아이(i)의 인식이 관찰자 효과(observer effect)를 통해 물질로 드러납니다. 세상은 '실'의 세상이 아닌 '식'의 세상입니다.

우리의 인식이 세상을 일으키고 있습니다. 에너지 상태인 세상을 단단하고 고정된 물질세계로 일으키고 있습니다. 한 장의 이미지에 세상의 입자를 담아내고 있습니다. 이미지의 연속성으로 인해 움직이고 있다는 착각을 일으킬 뿐입니다. 2D인 이미지가 3D의 입체라는 오해도 생깁니다. 시공간이 존재한다는 편견도 만들어집니다. 하지만 본질은 이미지의 연결일 뿐입니다. 관념의 이미지가 연결되어 보이기에 시간은 흘러가고 공간은 만들어지는 것입니다.

'시간'과 '공간'은 없습니다. 찰나의 '시'가 있을 뿐이고, 비어 있는 '공'이 있습니다. 사이 '간'은 착각입니다. 영화 속 이미지를 만드는 필름의 한 프레임이 세상의 본질이고 실체입니다. 프레임의 연속적인 깜박거림이 주인공을 움직이게 하고, 비행기를 만들며, 공룡과 전쟁을 만들고 있습니다. 세상도 마찬가지입니다. 찰나 생멸하고, 피고 질 뿐입니다.

그 연결성을 아는 것이 진리를 깨닫는 과정입니다. 그리고 그 진실에 근접해갈 때, 우리는 자신도 모르게 관점의 변화를 경험하게 됩니다. 세상의 연결성을 이해하면서 나와 세상을 바라보는 눈이 생기게 됩니다. 분리된 채 살아가는 보통 사람과 다른 '관찰자의 시선'을 가지게 됩니다. 주시자로 바라볼 수 있는 눈을 통해 우리는 세상이 돌아가는 원리를 이해하고, 세상을 내가 원하는 방향으로 이끄는 힘을 가지게 됩니다. 그 관점의 변화를 거쳐 시선은 높아지고 관념은 바뀌게 됩니다. 세상의 연결성을 통해 부와 풍요를 연결하는 힘을 지니게 됩니다.

"무의식을 의식하지 않으면, 무의식이 당신을 지배할 것이며, 당신은 그것을 운명이라 부를 것이다."

스위스의 심리학자 칼 융의 조언입니다. 우리는 무의식을 인식하지 않은 채 살아갑니다. 관념이 만든 행동을 반복하며 살아가고 있습니다. 일종의 습관적 행동입니다. 그 '습'이 쌓여 우리의 일상이 되고 우리의 삶이 되는 것입니다. 그 '습'에서 벗어나지 못하는 대부분의 사람은 삶을 운명이라 부르고 있습니다.

상식이라는 말이 있습니다. 상식의 사전적 의미는 '사람들이 보통 알고 있거나 알아야 하는 지식'입니다. 습관적으로 사는 사람의 지식이 상식입니다. 99%의 사람들은 상식으로 살아갑니다. 그래서 그들은 운명의 늪을 벗어나지 못합니다. 그들에게 있어 세상은 분리되어 있습니다. 나와 돈도 분리되어 있고 부와 행복도 나와 떨어져 있습니다. 그 분리감의 본질은 무엇일까요? 바로 보호 본능입니다. 그렇게 판단하는 것이 자신의 가난에 대한 좋은 명분이 되기 때문입니다. 일종의 면죄부로 상식을 활용하는 겁니다. 무의식적 방어기제입니다. 『부의 확장』에서는 이렇게 말하고 있습니다.

"보통 사람들은 '안 되는 이유'를 먼저 찾으려 한다. … 연필과 강남이 도대체 무슨 상관이 있지? 아이스크림과 연필로 무얼 할 수 있다는 거야? 이런 생각이 들기 시작하면 안 되는 이유를 먼저 찾게 된다. 이럴 때 흔히 쓰이는 표현이 상식이다. 세상의 상식을 운운하며 '상식적으로 그런 연결고리는 없을 것 같다'라고 재빠르게 결론을 내려버린다. 역시 자신을 보호하려는 본능 때문이다. 자신이 연관 지어 생각할 수 없는 것들은 애초에 연결되지 못하는 것들이라 생각해야 속이 편하다. 상식에 대해 이야기하는 순간 내가 알고 있는 것에만 집중하게 된다. 감춰진 모든 비밀에 대해 관심이 없어진다. 하지만 성공한 사람은 남이 모르는 비밀을 찾아낸 사람들이다. 부는 이런 비밀스러운 연결들 사이에 숨어 있다. 자신을 보호하려는 마음을 내려놓고 조금 더 적극적으로 살펴야만 그 비밀을 알아낼 수 있다."

상식이라는 본능을 거스르고, 분리감의 습에서 벗어날 때, 우리에게는 또 다른 눈이 생기게 됩니다. 여러분은 위대한 존재입니다. 세상을 일으키고 세상을 관찰하는 존재입니다. 세상의 창조자이자 우주의 본질이며 모든 연결의 중심입니다. 여러분으로 인해 세상이 존재하고 있으며, 여러분이 인식하지 않으면 세상은 사라집니다. 여러분의 인식이 세상의 존재를 부르고 있습니다.

부의 인식이 여러분을 풍요롭게 합니다. 부와 세상과 여러분은 하나이기 때문입니다. 세상의 연결성을 이해할 때, 여러분은 풍요로워집니다. 그 연결의 창의성이 부의 원천이 됩니다. 그리고 충만해집니다. 내가 아이와 하나임을 알기 때문입니다. 그 깨달음이 여러분과 함께하길 기원합니다. 아이의 삶이 펼쳐지기를 기도합니다. 여러분이 아이입니다.

04

아무도 가르쳐 주지 않는 부의 비밀

"오감을 통해 깨달을 수 없는 현실을 사람들에게 이해시키는 것만큼 이 세상에 어려운 것은 없다. 하지만 눈에 보이는 것만을 추종하는 사람에게는 인생의 성공을 부르는 비밀을 알려줘도 소용이 없다. 여기에 많은 사람들이 가난과 역경 등의 고뇌를 극복할 수 없는 원인이 있다. 그들은 물질의 세계를 넘어 창조적 에너지로 충만한 보이지 않는 세계를 보는 것이 불가능하다. 마음의 창조 작용은 그곳에서부터 시작된다. 사람이 창조한 보이지 않는 세계는 모두가 마음의 눈에서 출발한다는 것을 그들은 모른다. 원하는 것을 구체적으로 연상하는 비주얼라이제이션의 힘으로 보이지 않는 세계에서 원하는 것을 끄집어내 눈에 보이는 현실로 가능하게 할 수 있다는 것을 그들은 모른다."

오리슨 S. 마든의 이야기다. 그는 미국의 신사상 운동가이자 성공한 호텔 경영자다. 보스턴 로스쿨을 졸업하고 하버드에서 의학 박사 학위를 받았다. 불우했던 어린 시절을 겪었고, 32살에 〈석세스〉 지를 창간해 자신의 성공 철학을 글로 담았다. 이후 많은 사람들, 특히 청년들의 멘토 역할을 하며 부와 성공에 관한 이야기를 책과 강의를 통해 전달하고 있다. 그가 쓴 『아무도 가르쳐 주지 않는 부의 비밀』에 나오는 내용이다.

· · ·

오늘은 보이는 세상과 보이지 않는 세상에 대해 이야기하려고 합니다. '양태'에 대한 이야깁니다. 양태의 사전적 의미는 사물이 존재하는 모양이나 형편입니다. 쉽게 말해 양태는 사물의 존재 방식입니다. 양태는 크게 두 가지로 나뉘게 됩니다. 눈에 보이는 양태와 눈에 보이지 않는 양태입니다. 전자를 현실태라 말하고, 후자를 가능태라 부릅니다. 현실태는 눈에 보이는 세상에 드러나는 방식입니다. 눈앞에 스마트폰이 있고 우리는 그것을 만질 수 있으며 그것의 존재를 느낍니다. 단단한 책상의 촉감을 느끼고, 두드려보면서 소리도 들을 수 있습니다. 맛있는 와인의 풍미와 스테이크의 맛도 느낄 수 있습니다. 우리는 오감을 통해 보고, 듣고, 냄새 맡고, 맛보고, 촉감을 느끼게 됩니다. 그러면서 주변의 사물과 세상을 인지하게 됩니다. 눈에 보이는 세상은 우리가 알고 있는 지극히 당연한 현실입니다.

하지만 또 하나의 세상이 있습니다. 가능태의 세상입니다. 가능태의 세상도 현실태와 똑같이 존재합니다. 꿈을 꾸었을 때를 생각해보세요. 꿈에 나타난 첫사랑이 우리의 마음을 설레게 합니다. 그녀에게 전화하기 위해 스마트폰을 사용하고, 멋진 레스토랑에서 와인에 스테이크를 먹습니다. 아름다운 선율이 흐르고, 그곳의 따뜻함도 느낄 수 있습니다. 현실과 마찬가지로 그곳을 느끼고 있습니다. 보고 듣고 맛보고 느끼고 있습니다. 다만 한 가지 차이가 있습니다. 바로 인식의 과정입니다.

우리는 우리의 몸을 통해 현실을 경험합니다. 신체의 오감을 이용해 체험하는 것이 눈에 보이는 현실태입니다. 눈을 통해 보고, 귀를 통해 듣습니다. 코를 통해 냄새 맡고 혀를 통해 맛보며 피부를 통해 느끼는 겁니다. 그리고 그 신호를 우리의 현재 의식이 해석하여 인지의 결과물을 만듭니다. 눈에 보이는 현실은 우리의 오감과 현재 의식의 합작품입니다.

한편 우리의 오감과 현재 의식이 아닌 생각, 감정, 느낌, 상상, 기억을 통해 경험되는 세상이 있습니다. 앞서 말한 꿈의 세상입니다. 혹은 10년 전 과거의 세상입니다. 또는 10년 후 미래의 모습입니다. 10년 전 여러분은 무엇을 하고 계셨나요? 아니면 여러분의 어린 시절을 한번 떠올려보시길 바랍니다.

어린 시절을 보냈던 놀이터에서 그네를 타고 있는 나의 모습이 보입니다. 그네의 감촉이 느껴지고 그때 온도도 느낄 수 있습니다. 귀에는 친구 목소리가 들리고 손에 묻은 녹슨 체인 냄새도 납니다. 나의 등을 밀어주는 엄마의 손길도 느껴집니다. 오감과 똑같은 방식으로 모든 것이 느껴집니다. 다만 차이가 있습니다. 바로 생생함입니다. 생생함이 조금 떨어집니다. 눈앞에 보이는 스마트폰처럼 생생하지 않습니다. 음질과 화질이 떨어집니다. 하지만 그 모든 것은 느낄 수 있습니다. 그 기억을 통해 즐거움과 행복감도 느껴집니다. 과거의 기억이 우리의 느낌과 감정으로 연결되어 지금의 두근거림도 만들고 있습니다. 현실에서의 즐거움과 같은 방식으로 심장이 뛰고 얼굴에는 미소가 생깁니다.

눈에 보이는 현실태든 눈에 보이지 않는 가능태든 그 존재는 우리의 삶에 늘 영향을 미치고 있습니다. 현실태와 가능태 모두 우리의 세상을 펼쳐내고 있습니다. 하지만 많은 사람은 가능태의 세상을 믿지 않습니다. '보는 것이 믿는 것이다.'라는 말처럼 우리는 보이지 않는 세상을 믿지 않고 있습니다. 그 믿음이 단단한 고정 관념처럼 박혀버렸습니다. 그 관념이 펼쳐내는 현실세계에서 우리는 보이지 않는 것을 믿지 않게 되었습니다.

생각이 현실을 만든다는 사실을 많은 사람은 거부합니다. 과학보다, 수학보다 그 어떤 물리 법칙보다 진실되고 진리인 이 사실을 받아들이지 못합니다. 그들에게 세상은 눈에 보이는 세상이 전부입니다. 눈에 보이는 세상은 눈에 보이지 않는 세상으로부터 펼쳐지는 원리를 그들은 받아들이지 못합니다. 그게 안타깝습니다. 오리스 S. 마든은 이렇게 말합니다

"천체 궤도에 작용하는 만유인력은 몇 천 년에 걸쳐 한 치의 오차도 없이 궤도를 그리고 있으며 우주 공간에서 멋지게 균형을 유지하며 놀랄 만한 속도로 태양의 주변을 돌고 있다. 이 만유인력 또한 눈에 보이지 않는 힘이다. 보는 것도, 맛보는 것도, 냄새를 맡는 것도, 만지는 것도 불가능하지만 그것이 존재하는 것은 엄연한 사실이다. 텔레비전을 시청하려면 리모컨으로 전원을 켜기만 하면 된다. 전파와 전기는 눈에 보이지 않지만, 우리가 전원을 켜는 순간 그 공간과 시간에 작용해 텔레비전을 나오게 한다."

보이는 것만 믿는 사람들이 TV 리모컨을 사용하는 것은 아이러니합니다. 전기와 전자기력은 눈에 보이는 것이 아닙니다. 하지만 그것들의 작용 없이 우리는 하루도 살 수 없습니다. 우리가 느끼는 일상의 편안함과 안락함은 보이지 않는 힘에서 만들어지고 있습니다. 리모컨으로 TV를 켜면서, 눈에 보이지 않는 것은 믿지 못한다고 말하는 것은 일종의 인지 부조화입니다. 이런 행동과 태도의 불일치는 대부분에 사람에게서 관찰됩니다.

리모컨은 사용하지만 보이지 않는 세상은 믿지 않습니다. 관념 때문입니다. 자신에게 각인된 집단 무의식이 인지 부조화의 원인입니다. 인류 공통의 생각, 집단 대중의 믿음이 나의 무의식에 각인되어 나의 관념으로 자리 잡았기 때문입니다.

　가난하게 태어난 것은 여러분의 죄가 아닙니다. 하지만 가난하게 죽는 것은 여러분의 잘못입니다. 잘못된 관념이 새겨진 것은 여러분의 잘못이 아니지만, 관념의 정화없이 습관대로 사는 것은 여러분의 잘못입니다. 생각의 관찰을 통한 관념의 변화가 필요합니다. 관념 분석을 통해 삶을 변화시켜야 합니다. 세상을 바라보는 관점을 바꾸고, 삶의 태도를 조금씩 변화시켜보십시오. 삶의 태도가 나의 행동이 되고, 그 행동이 나의 습관으로 굳어질 때 우리의 삶은 바뀌게 됩니다. 그 과정을 통해 우리의 관념은 조금씩 색이 변하게 됩니다. 관념의 정화는 연기처럼 퍼지는 색 번짐과 같습니다. 나도 모르게 조금씩 변하는 것입니다.

　보이지 않는 세상이 보이는 세상을 만듭니다. 가능태의 세상이 현실태로 드러나는 것이 우리가 사는 세상입니다. 우리는 물질에 둘러싸인 좁은 세상에 사는 것이 아닙니다. 아이의 인식이 만드는 무한의 세상에 살고 있습니다. 그 세상의 중심에 여러분이 있습니다. 여러분이 무한의 가능성을 지닌 창조자입니다. 성경에도 나와 있습니다. "신의 나라는 너희 마음속에 있다." 나의 내면이 세상의 전부입니다.

저자는 책에서 이렇게 결론짓고 있습니다. "부도, 건강도, 기쁨도, 성공도, 목표 달성도, 모두 내면의 보이지 않는 창조 에너지 속에 있으며 당신의 사고를 통해 실체로 구현되는 것을 기다리고 있다. 당신의 필요를 충족시켜 줄 무한의 부, 발명, 미술, 문학, 음악, 연극 등의 예술, 인간 사회의 모든 분야에 속한 위업은 당신 내면에 있는 위대한 예지 속에서 당신의 사고와 결합해 눈에 보이는 형태로 지상에 드러나길 기다리고 있다. 텔레비전을 켜듯이, 방의 불을 밝히듯이 의식의 전환만 하면 눈에 보이지 않는 힘이 작용해 모든 것을 이루어낸다."

세상 모든 것은 현실에 펼쳐지길 기다리고 있습니다. 그것을 창조하고 관찰하는 당신을 기다리고 있습니다. 여러분의 관념을 통해 펼쳐지고, 인식을 통해 관찰하는 곳이 바로 이 세상입니다. 세상은 여러분의 놀이터입니다. 그곳에서 여러분의 세상을 창조해보길 바랍니다. 알고 있나요? 세상은 당신의 명령을 기다리고 있습니다. 여러분의 지니를 깨워보세요.

05

리부트 Reboot

"몇 년 전 우연히 과학 공부에 빠진 적이 있었다. 양자역학으로 우주 생성과 소멸의 원리를 탐구하다 보면 삶을 바라보는 시선도 달라지고 세상에 대한 통찰도 깊어질 것 같아서 시작한 공부였다. 그때 1977년 노벨화학상 수상자인 일리야 프리고진의『혼돈으로부터의 질서』라는 책도 처음 접하게 되었다. '혼돈이란 단순히 의미 없는 요동이 아니라 언제라도 질서를 창출할 수 있는, 다시 말해 질서를 내포한 상태다.' … 예를 들어 소용돌이치는 물결을 생각해보자. 눈으로 보기에는 소용돌이가 혼돈같이 보이지만, 물 분자구조로 보면 달라진다. 서로 멀리 떨어져 있는 분자들 사이에도 나름의 질서가 있으며, 구조적으로 규칙을 지키며 배열된 분자 구조를 보인다. 이 대목을 깨닫자 그때껏 혼돈이라고 하면 떠올랐던 생각과 이미지가 완전히 뒤집혔다. 내 눈에 보기에 무질서하게만 보이는 혼돈 안에 가지런하고 정돈된 질서가 있다니!"

　국민 강사 김미경 작가의 『김미경의 리부트』의 내용이다. 김미경 작가는 대한민국 최고의 자기계발 강사다. 본인의 이름을 딴 TV 쇼를 한 적도 있으며, 다양한 곳에서 꿈, 행복, 성공에 대해 이야기하고 있다. 그의 이야기를 들은 청중은 누구라도 그녀의 팬이 되고 만다. 그녀의 스토리에는 온도가 있고 힘이 있으며 메시지가 있다. 진실되기에 공감되고, 현실적이라 귀에 꽂힌다. 그래서 마음속 노트에 한 줄의 가르침으로 새겨진다. 삶을 살아가는 격려이자 조언이 되어 우리 인생에 큰 변화를 가져다준다. 개인적으로 김미경 작가의 아카데미에서 공부한 적이 있었다. 강의하던 그녀의 모습이 떠오른다. 조곤거리는 목소리에 큰 울림이 있는 누나의 독설 같은 강의였다. 그 이후 나는 김미경 작가의 팬이 되었다.

. . .

2020년은 코로나 시대였습니다. 2019년 중국에서 발발한 코로나19 바이러스가 전 세계를 강타했습니다. 우리라고 예외일 수 없었습니다. 인류의 역사를 가르는 BC(기원전)와 AC(기원후)의 'C'는 이제 코로나의 'C'로 바꿔야 한다는 말까지 나왔습니다. 전 세계는 코로나 전과 코로나 후의 세상으로 바뀌고 있습니다. 그 기준이 되는 것이 질서입니다.

새로운 질서가 뉴노멀의 기준이 되고 있습니다. 정렬되지 못한 모습이 혼돈입니다. 질서가 사라진 상태의 무질서가 혼돈입니다. 하지만 김미경 작가가 지적했듯 혼돈은 질서를 내포하고 있습니다. 혼돈 속에 질서가 있습니다. 질서가 없는 혼돈은 없으며, 반대로 혼돈이 없는 질서도 없습니다. 세상은 상대성이 지배하기 때문입니다. 남자가 없으면 여자가 없듯이 말이죠.

세상이 혼돈인 이유는 사람들의 관념이 연동되어 있기 때문입니다. 세상은 나만의 관념으로 만들어진 게 아닙니다. 나와 나 아닌 모든 사람의 관념으로 펼쳐집니다. 내 안에 존재하는 관념의 연결망 속에는 인류 공통의 관념도 존재합니다. 이 공통의 관념이 집단 무의식 형태로 드러납니다. 집단 관념이 나의 관념으로 자리 잡았기 때문입니다.

세상이 혼란스러울수록 나의 관념도 혼탁해집니다. 나의 관념이 세상을 펼쳐내지만, 세상을 통해 나의 관념이 심어지기 때문입니다. 그래서 중요한 것이 스스로에 대한 관찰입니다. 자신을 살펴보고, 관념을 들여다보고, 그것을 분석하는 작업이 필요합니다. 그 관념을 재규정, 재정화하는 시간이 필요한 이유입니다. 그 시간을 통해 혼돈 속에 숨겨진 나만의 질서를 찾을 수 있습니다.

질서는 하나의 규정입니다. 규정은 관념의 이미지를 말합니다. 관념은 '나는 이러이러한 사람으로 세상을 살고 있다.'라는 나에 대한 정의입니다. 그 관념의 바이브를 지니고 살아갈 때, 미래의 나의 모습, 내가 원하는 이미지가 조금씩 드러납니다. 그리고 그곳을 향하는 질서의 움직임이 보이게 됩니다. 그 변화의 모습이 지금 여기, 지금 이 순간이라는 '과정'으로 펼쳐지고 있습니다. 변화의 근원은 바이브입니다. 내가 원하는 미래가 펼쳐지는 느낌을 느껴보세요. 변화의 바이브를 느껴보세요. 바이브는 미래를 당겨 현실을 살아가는 느낌입니다.

관념, 즉 스스로에 대한 규정은 하나의 생각으로 드러납니다. 그 생각이 행동으로 이어지고, 행동은 삶의 변화로 연결됩니다. 이때 우리의 인생이 바뀌게 됩니다. 그리고 내 인생이 바뀔 때 주변의 세상이 바뀌는 것입니다.

그 변화는 혼돈의 세상에서 많이 일어납니다. 사람은 비상 상황에서 위기를 인지하기 때문입니다. 습관적 행동을 알아보기 시작합니다. '계속 이렇게 살아도 될까?', '지금 이런 상황에서 예전처럼 행동해도 될까?', '지금까지 산 것처럼 앞으로도 살 것인가?' 스스로 질문을 던지기 시작합니다. 그러면서 작은 변화가 일어납니다.

삶을 한 걸음 뒤에서 바라보는 눈이 생기게 됩니다. 일상의 '습'을 '식'하게 됩니다. 내 생각을 생각하고 행동을 바라보기 시작합니다. 이때가 바로 혼돈의 시작입니다. 평범한 일상이 깨지게 됩니다. 습관적 하루에서 변화의 오늘이 느껴집니다. 사는 대로 생각하던 내가 생각대로 살려고 합니다. 그 변화가 나에게는 혼돈으로 느껴집니다. 주변 사람들도 혼란스럽습니다. 한마디씩 던지기도 합니다. '너 요즈음 왜 그래?', '뭔가 달라진 것 같아.' 하지만 변화의 실체는 질서입니다. 자신의 길을 찾아 일상의 늪을 벗어나려는 움직임입니다. 그 변화가 혼돈의 본질입니다.

　"혼돈의 에너지가 크다는 것은 그 안에 질서의 양이 많다는 것을 의미한다. 코로나 이후 겉보기에는 사회가 '잠시 멈춤' 정지선 앞에서 멈춰진 듯 보입니다. 하지만 내부에 들어서보면 기존의 질서와 뒤엉켜 있는 엄청난 양의 새로운 질서가 존재한다. 혼돈의 에너지가 크다는 것은 질서가 잡혔을 때 질서의 크기도 크다는 걸 의미한다. 우리에게 남은 숙제는 혼돈으로부터 서서히 잡혀가고 있는 질서를 어떻게 빨리 알아채서 그 질서 안으로 들어갈 것인가 그 방법을 찾는 것이다."

　김미경 작가도 이야기하고 있습니다. 혼돈은 질서의 엔트로피가 증가된 것뿐입니다. 뿌연 안개 속에 세상이 존재하는 것 같지만, 그 뿌연 안개를 만드는 수많은 수증기는 자신만의 길을 가고 있습니다. 한 점의 수증기가 선으로 연결되어 한 장의 그림을 만들 때 세상은 변하게 됩니다. 그 변화는 세상의 혼란 속에는 이미 일어나고 있습니다.

　변화에 대처하는 우리의 자세는 두 가지입니다. 밀려나거나 편

승하거나. 세상의 변화를 알아차리고, 일상의 습관을 인지할 때 우리의 삶은 그만큼 정진하게 됩니다. 적어도 밀려나고 있다는 것을 인식할 때 우리는 움직이게 됩니다. 변화 속에서 자신의 질서를 찾아가게 됩니다.

눈앞에 세상이 희뿌연 안개로 덮여 있을 때, 한 걸음 뒤에서 그곳을 바라보십시오. 자신의 길을 가는 작은 점들이 보일 겁니다. 그 점들이 이루는 변화를 인지하고 나의 세상에 편입시켜 보시길 바랍니다. 지금의 혼돈이 미래에서 펼쳐지는 당연한 과정임을 알게 될 것입니다.

과정(현재)과 결과(미래)가 이어져 하나의 선으로 연결될 때 여러분의 길이 펼쳐집니다. 그 길 위에 펼쳐질 여러분의 미래를 느껴보십시오. 그 미래를 당연함으로 받아들일 때, 여러분의 얼굴에는 작은 미소가 만들어집니다. 그 느낌이 여러분의 미래를 만들고 있습니다. 바이브가 하고 있습니다. 그것이 진리고 세상이 돌아가는 원리입니다. 여러분의 바이브를 믿어보세요.

브랜드가 되어 간다는 것

"사람들이 여행에 매력을 느끼는 이유는 여행이 제공하는 낯선 풍경의 경험을 통해, 우리 안에 잠재되어 있는 다양한 감정들과 마주하는 경험을 제공하기 때문입니다. 여행에서 발견하게 되는 낯선 마주침은 새로운 나를 발견하고 확장시켜주는 지혜가 되기도 합니다. 하지만 만약 여행이 낯선 풍경을 체험하는 것에 그치는 경우, 우리는 그것을 여행이 아닌 관광이라고 이야기합니다. 마르셀 프루스트는 여행을 다음과 같이 정의합니다. '진정한 여행은 새로운 풍경을 찾는 것이 아니라 새로운 시각을 갖는 것이다.'"

마케터 강민호 작가의 이야기입니다. 『브랜드가 되어 간다는 것』
의 책날개에는 작가의 소개말이 이렇게 적혀 있습니다. '마케터 강
민호.' 도전이란 단어에 매력을 느낍니다. 성장이란 단어의 가치를
좇습니다. 초심이란 단어를 자주 사용합니다. '거래보다 관계, 유
행보다 기본, 현상보다 본질'이라는 철학을 바탕으로 한 브랜드 마
케팅 전략가. 강민호 작가의 소개입니다. 그의 이야기가 궁금해져
책장을 펼치게 되었습니다.

삶은 여행입니다. 우리는 지구별에 여행자로 방문했습니다. 아
이는 나를 통해 지구별을 경험하고 있습니다. 사실 나는 여행에 관
심이 없습니다. 경험에서도 마찬가지입니다. 나는 경험보다는 성
공을 중시합니다. 낯선 것보다는 익숙한 것을 좋아하고, 다양한 것
보다 값진 것을 가지고 싶습니다. 가난을 경험하기보다 부를 즐기
고 싶고, 결핍을 느끼기 전에 풍요를 누리고 싶습니다. 차가운 것
보다 따뜻한 것을 선호하고, 루저보단 위너의 삶을 살고 싶습니다.
그것이 나의 꿈이고 목표며 삶의 이유입니다. 여행은 그의 본질이
지만 욕망은 인간의 본능입니다. 우리는 그렇게 태어났습니다. 하
지만 눈 앞에 펼쳐지는 세상은 아이가 창조하고 있습니다. 그의 생
각과 관념이 나를 통해 드러날 뿐입니다. 세상은 심층 무의식에 자

리 잡은 아이의 생각, 관념의 완벽한 투영입니다. 관념이 작동하는 방식으로 세상이 표현되고 있습니다. 관념에 각인된 나에 대한 정의가 하나의 이미지로 투영되어 지금의 모습으로 드러납니다.

'나는 이러이러한 사람이다.', '나는 평범한 회사원이다.', '나는 취업준비생이다.', '나는 소심한 학생이다.' 등의 스스로 대한 규정이 현실의 모습을 만들고 있습니다. 아무리 '나는 부자다. 나는 잘생겼다. 나는 예쁘다. 나는 성공한 자수성가 사업가다.'라고 믿으려 해도 잘 드러나지 않습니다. 글로 써보아도 사진을 찍어도 잘 이루어지지 않습니다. 우리의 밑바탕의 앎은 그렇지 않다는 것을 알기 때문입니다.

『시크릿』이 세상에 나왔을 때 많은 사람이 열광했습니다. 생각이 현실을 만드는 마법은 성공한 사람들의 공식처럼 느껴졌습니다. 성공의 방정식에는 늘 생각과 상상이 있었습니다. 하지만 그들의 성공 방식이 나에게는 잘 적용되지 않는 것 같습니다. 늘 상상하고, 생각하며, 마음속에 성공한 이미지를 그려보아도 잘 이루어지지 않습니다. 종이에 써 내려간 글들이 어느 순간 시간 낭비로밖에 보이지 않습니다. 그런 노력이 불편하고 한심하게 보입니다. 정신

승리만을 위한 헛된 시간으로 보이기 시작합니다.

그러다 자기 비하로 이어집니다. '내가 지금 뭣 하러 이런 짓을 하고 있지? 시크릿? 그런 거 다 사기고, 거짓말이야. 이런 걸 믿고 명상하고 심상화한 내가 바보지.' 다시 한번 낙담하고 실망하게 됩니다. 그리고 예전의 일상으로 돌아가게 됩니다. 하지만 마음 한켠에 남아 있는 찜찜함은 버릴 수 없습니다. 또 다시 시도합니다. 지푸라기라도 잡는 심정으로 글도 써보고, 상상도 합니다. 이런 일들이 매번 반복되고 있습니다.

생각은 느낌을 동반할 때 그 힘을 발휘합니다. 생각은 에너지입니다. 생각은 관념의 씨앗이 파동 에너지로 확장된 형태입니다. 씨앗의 잠재력이 생각의 에너지로 표현된 것입니다. 쉽게 말해 물건을 옮길 때 먼저 팔에 힘이 들어가는 것처럼 뭔가 말하기 전에 생각의 에너지가 생깁니다. 그리고 생각이 말로 표현될 때 말은 힘을 가지게 됩니다. 말 그대로 물리적 힘을 가지게 됩니다. 주먹으로 누군가 때릴 때의 힘과 똑같은 힘입니다. 더구나 말은 주먹보다 훨씬 강력한 힘을 가지고 있습니다. 주먹은 보이는 데서 움직이지만, 말은 보이지 않는 곳에서도 행동하게 합니다.

느낌이 없는 생각은 하나의 정보로만 작동합니다. 세상에는 수 없이 많은 지식과 정보가 있습니다. 그들 중 하나가 될 뿐이죠. 그들도 나에게 영향을 미칠 수 있습니다. 하지만 그 영향력은 매우 제한적입니다. 세상을 이루는 이미지의 작은 조각으로만 존재하기 때문입니다. 하지만 생각에 느낌이 동반될 때, 생각은 하나의 씨앗으로 작동합니다. 나의 세상을 바꾸는 에너지가 됩니다. 바이브가 세상을 바꾸는 이유입니다.

세상은 여행하는 곳입니다. 그 여정에서 다양한 경험을 하게 됩니다. 하지만 세상 속 성공과 행복은 잘 보이지 않습니다. 오히려 실패와 불행으로 가득 차 보입니다. 삶의 부정성이 우리에게 더 크게 펼쳐지는 것 같습니다. 왜 그럴까요? 부정적 감정은 우리의 생명과 연결된 생존 본능이기 때문입니다. 기쁨, 즐거움, 행복의 느낌보다 공포, 불안, 두려움의 감정이 커 보이는 이유입니다. 그것들은 우리 무의식에 생존 느낌으로 각인되었기 때문입니다. 우리의 방어기제 중 가장 바닥에 깔려 있는 보호 본능이기 때문입니다.

인류가 지금까지 진화하고 성장하고 생존해온 이유는 주변의 위협을 빨리 인지하고 그것들을 극복하는 과정이 있었기 때문입니다. 호랑이가 달려드는데 웃으며 시간을 보낼 수는 없습니다. 불안과 공포는 일종의 보호 본능이 되어 생명 유지와 종족 보존의 가장 기초적인 느낌으로 각인된 것입니다. 삶의 부정성이 우리의 인생에서 자주 펼쳐지는 이유입니다. 관념에 자리 잡은 주된 바이브기 때문입니다. 즐겁고 행복했던 기억보다 힘들고 고통스러운 기억이 오랫동안 남는 이유입니다. 생존을 위한 부정적 감정이 인간의 원초적 바이브기 때문입니다.

행복의 느낌이 오래가지 않는 경우도 있습니다. 그것은 행복이 소유일 때입니다. 내가 원하는 집, 좋은 차, 비싼 가방, 명품 시계가 행복의 전부일 때 즐거움은 오래가지 않습니다. 내가 원하는 가방을 산다고 한 달이 즐겁지 않습니다. 내가 원하는 차를 산다고 일 년이 즐거운 것이 아닙니다. 또 다른 가방이 보이고 더 좋은 차가 내 앞을 지나가기 때문입니다. 에고는 욕망 덩어리고 그것은 우리의 본질이기 때문입니다. 강민호 작가가 이렇게 이야기합니다.

"우리의 삶도 마찬가지입니다. 만약 주어진 삶이 단 한 번의 여행이라면, 관광객의 태도로 삶을 체험하는 사람들과 여행자의 태도로 삶을 경험하는 사람들로 나눌 수 있습니다. 물론 삶이 단순히 하나의 체험에 그쳐선 안 되겠죠. 우리에게 필요한 것은 다양한 사람들과의 관계를 통해 감정을 공유하고 끊임없이 새로운 시각을 발견하는 진정한 삶의 경험입니다."

　행복은 가방을 살 때가 아니라, 가방을 사줄 때 느낄 수 있습니다. 가방은 소유지만 선물은 경험이기 때문입니다. 그 경험에 담긴 우리의 느낌과 감정이 행복의 핵심입니다. 그 느낌이 오래도록 우리의 기억에 남게 됩니다. 관광객에게는 사진이 남지만, 여행객에게는 추억이 남습니다. 그리고 그 경험은 관념의 씨앗이 되어 또다시 우리 삶에 영향을 미칩니다. 여행자의 시선이 생기는 겁니다. 그 눈을 통해 또 다른 경험을 하게 됩니다.

　여행은 여행 자체로 두근거리는 일이지만 여행 후의 일상은 설렘으로 가득하게 됩니다. 일상 속 낯섦을 경험하기 때문입니다. 여행자의 눈을 가지기 때문입니다. 습관이 된 일상 속에서 우리는 여행자의 박동을 느낄 수 있습니다. 그 두근거림을 여러분도 느껴보시길 바랍니다.

　나의 눈이 아닌 아이의 눈으로 세상을 바라보세요. 일상이 여행으로 바뀌는 순간 세상은 추억으로 가득 차게 됩니다. 그 속에서 삶을 즐겨보시길 바랍니다. 우리는 그러기 위해 이곳을 방문했습니다. 우리가 아이입니다.

07

라면을 끓이며

"이 세상에는 돈보다 더 거룩하고 본질적인 국면이 반드시 있을 것이다. 그런데, 얘야, 돈이 없다면 돈보다 큰 것들이 이루어질 수 있겠느냐? 부(富)라! 돈은 인의예지의 기초다. 물적 토대가 무너지면 그 위에 세워놓은 것들이 대부분 무너진다. 이 사태는 인간의 삶의 적이다. 이것은 유물론이 아니고, 경험칙이다. 이 경험칙은 과거와 미래에 대해서 공히 유효하다. 돈 없이도 혼자서 고상하게 잘난 척하면서 살 수 있다고 생각하지 말아라. 아마 그럴 수도 있겠지만, 그러지 말아라. 추악하고 안쓰럽고 남세스럽다."

『라면을 끓이며』의 김훈 작가 이야기다. 김훈 작가는 대한민국 최고의 문장가다. 그의 문장 하나하나에 살아 있는 에너지가 느껴진다. 그 기세가 너무나 강해, 행간의 공간조차 허용하지 않는다. 그의 글을 보다 보면 큰 파도에 휩싸여 정신없이 읽힌다. 시인이자 문학평론가인 남진우는 그를 일러 "문장가라는 예스러운 명칭이 어색하지 않은 우리 세대의 몇 안 되는 글쟁이 중의 하나"라고 평했다. 그의 삶이 글이고 글 안에 그의 시간이 담겨 있다. 그리고 그의 글은 우리의 삶이 된다. 그의 언어가 우리 무의식에 깔려 내 안의 관념을 조각하기 때문이다. 삶의 흐름을 언어로 펼쳐내는 김훈의 손길이 무섭고 설렌다.

· · ·

돈은 인간 본능의 기초입니다. 돈은 한낱 종이나 숫자에 불과한 것이 아닙니다. 돈은 물리적 힘이 있으며, 그 숫자만큼의 질량도 가지고 있습니다. 질량이 높을수록 물질을 잘 끌어당기게 됩니다. 돈의 무게가 오를수록 돈의 견인력은 높아집니다. 부자가 더 큰 부자가 되는 이유입니다. 돈이 돈을 당기고 있습니다.

돈은 사람을 움직이게 합니다. 그리고 말하게 합니다. 등을 밀어 사람을 움직이는 것보다 돈으로 움직이는 것이 훨씬 효율적입니다. 돈은 사람을 행동하게 하고, 세상을 움직이는 기초입니다.

'여러분 인생에서 가장 중요한 가치는 무엇인가요?' 우리가 싫어하는 질문입니다. 답이 없는 질문이기 때문이죠. 하지만 한 번씩은 답해본 적이 있을 것입니다. 다양한 답변이 나올 수 있습니다. 가족, 행복, 건강, 관계, 부, 명예, 권력, 자비 등의 단어가 떠오릅니다. 하지만 정답은 없습니다. 공통된 답이 있을 뿐입니다. 앞서 말한 단어에 대부분에 답이 있습니다. 우리는 그렇게 교육받았기 때문입니다. 나의 가치가 아닌 시회적 가치를 학습 받았기 때문입니다. 타인의 기준이 나의 관념으로 자리 잡았기 때문입니다. 그들의 욕망과 그들의 기준이 나의 가치가 되어버렸습니다. 우리가 타인의 꿈을 쫓는 이유입니다.

돈은 인의예지의 기초입니다. 김훈 작가가 이야기하듯 돈은 모든 가치의 기초가 됩니다. 돈이 모든 것을 만족시키지는 못해도, 그것들이 무너지지 않는 토대가 됩니다. 모래 위에 성이 무너지는 이유는 바닥에 깔린 돈의 지지가 없기 때문입니다. 돈 없이 살 수 있다는 사람이 추악하고 안쓰럽다는 그의 말에 웃픈 표정이 지어집니다. 인간의 본질은 욕망이고, 그 욕망은 돈에서 출발하기 때문입니다.

우리의 현실을 만드는 관념은 나와 나 아닌 모든 것들의 참여로 이루어집니다. 세상이 내 뜻대로 잘 되지 않는 이유는 나와 세상이 연동되어 있기 때문입니다. 『시크릿』을 읽고 상상을 통해 현실을 만드는 노력이 매번 실패하는 이유입니다. 상상이 현실을 변화시키지 못하는 이유입니다.

상상을 통한 인식이 나에 대한 정의를 바꾸고 그 규정이 나의 앎으로 스며들 때, 조금씩 나와 세상이 변하게 됩니다. 그 밑바탕의 앎, 관념의 이미지가 나의 바이브를 만들기 때문입니다. 돈과 부와 성공의 바이브가 조금씩 나를 감쌀 때, 나는 세상을 다르게 바라보는 힘이 생기게 됩니다. 그리고 그 바이브는 주변 사람들에게 전달됩니다. 바이브는 나를 부자로 바라보는 시선을 만들고 그들의 관념에 영향을 미치게 됩니다. 부자에게 부자의 바이브가 느껴지는 이유입니다. 그 바이브가 그들을 부자로 만들고 있습니다.

마음 깊은 곳에 흐르는 관념의 에너지가 나와 나의 세상을 만들고 있습니다. 특히 인류 공통의 생각, 집단 무의식은 우리 내면 깊숙이 각인됩니다. 집단 무의식이 내 관념의 주된 이미지로 자리 잡게 됩니다. 그중 하나는 '돈이 인의예지의 기초다'라는 규정입니다. 그 앎이 큰 축으로 고정되어 있습니다. 우리의 현실을 출력해내는 주된 관념으로 자리 잡고 있습니다. 내가 남자고, 여러분이 여자라는 관념만큼이나 강하게 자리 잡고 있습니다.

우리의 본능이 부를 향하고, 돈에 대한 욕심이 있는 것은 어쩌면 나의 잘못이 아닙니다. 나의 역사 이전부터 새겨진 인류의 욕망입니다. 그 욕망을 절제하고 벗어나려는 움직임이 안타까운 것입니다. 추악하고 안쓰럽고 남세스러운 것입니다.

우리는 돈을 벌기 위해 시간을 이용하고 있습니다. 우리 삶은 시간으로 이루어져 있습니다. 조금 더 깨달음을 얻는다면 시간은 존재하지 않습니다. 삶은 눈에 보였다가 사라지는 한 장의 이미지밖에 없다는 것을 알게 될 겁니다. 하지만 찰나 생멸하는 '시'를 느끼기에 '시간'은 너무나 생생합니다. 물질세계는 과거 현재 미래라는 시간을 만들었고 그 시간이 우리의 인생으로 느껴집니다. 그 시간을 이용해 우리는 돈을 벌고 있습니다. 그리고 그 돈으로 남의 시간을 사고 있습니다.

돈을 버는 이유는 다양합니다. 하지만 본질은 하나입니다. 나의 시간을 연장하기 위해서입니다. 남의 시간을 사는 이유입니다. 밥을 먹고, 옷을 입고, 따뜻한 집에서 나만의 시간을 보내기 위해섭니다. 내가 직접 곡식을 지을 필요 없고, 옷을 만들지 않기 위해서입니다. 내가 싫어하는 일에 나의 시간을 쓰지 않기 위해 우리는 돈을 벌고 있습니다.

돈을 벌기 위해 나의 시간을 투자하고, 돈을 벌어 남의 시간을 사는 것. 인간의 삶은 이 테두리에서 크게 벗어나지 않습니다. 그래서 시간은 돈이라는 미끼를 가지고 있으며, 시간의 즐거움과 여유를 얻기 위해 우리는 또다시 돈을 쓰고, 다음 날 돈을 벌고 있습니다. 그것을 알아가는 과정이 성장하는 인간의 숙명입니다.

"이 세상이 우리에게 보여주는 모든 먹이 속에는 낚싯바늘이 들어 있다. 우리는 먹이를 무슨 순간에 낚싯바늘을 동시에 물게 된다. 낚싯바늘을 발라내고 먹이만을 삼킬 수는 없다. 세상은 그렇게 어수룩한 곳이 아니다. 낚싯바늘을 물면 어떻게 되는가. 입천장이 꿰어서 끌려가게 된다. 이 끌려감의 비극성을 또한 알고, 그 비극과 더불어 근면해야 하는 것이 사내의 길이다. 돈과 밥의 지엄함을 알라. 그것을 알면 사내의 삶의 가장 중요한 부분을 아는 것이고, 이걸 모르면 영원한 미성년자다."

김훈 작가는 시간과 돈의 관계를 먹이와 낚싯바늘로 표현하고 있습니다. 그의 통찰에 가슴이 설렙니다. 마음이 요동치고 있습니다. 그의 시선을 따라가고 싶습니다. 그의 눈을 통해 보여지는 세상은 어떠할지 궁금합니다. 세상의 소리는 어떻게 들리고, 삶의 향기는 어떻게 느껴지는지 공감하고 싶습니다. 하지만 그의 세상은 김훈의 언어를 통해 우리에게 전달되고 있습니다. 그의 말은 우리의 귀를 통해 마음으로 흐르고 있습니다. 우리에게 큰 울림을 전달해준 그의 손끝에 감사함을 표합니다.

글은 채우는 것이 아니라 내려놓는 행위입니다. 원고와 모니터를 가득 채우는 게 글쓰기가 아닙니다. 글쓰기는 머릿속 글감을 손에 내려놓는 과정입니다. 삶도 마찬가지입니다. 인생은 지금 이 순간에 오늘을 내려놓는 행위입니다. 과거의 후회나 미래의 불안에 사는 것이 아닙니다. 오늘을 살면서 지금 이 순간을 즐기는 것이 우리의 여정입니다. 그것이 나의 시간을 온전히 보내는 방법입니다. 남의 시간을 사지 않고도 인생의 여유를 즐길 수 있습니다. 지금 이 순간에 존재하는 겁니다. 지금 이 순간을 인식하고 존재하는 아이의 시선을 느껴보십시오. 그 찰나의 순간 우리는 현존하게 됩니다.

여러분 주변을 둘러보세요. 눈에 보이는 그 모든 것들이 여러분 것입니다. 아이의 인식이 펼쳐내는 이미지입니다. 세상은 여러분 의식이 만든 신비로운 현상일 뿐입니다. 돈은 여러분을 부자로 만들지만, 깨달음은 여러분이 부자임을 알게 해줍니다. 그 앎이 여러분의 현재를 바꾸게 됩니다. 그 느낌을 지닌 채 오늘을 살아보세요. 바이브가 하고 있습니다. 이미 여러분의 미래는 바뀌어 있습니다. 여러분은 이미 부자였습니다.

Vivid Imagination with Belief of Equalization

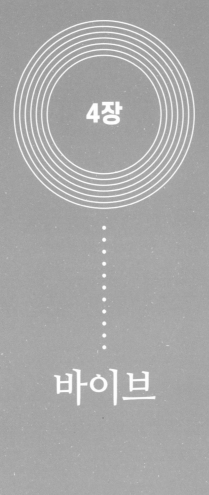

4장

바이브

01

아이는 i

나는 신논현 근처에서 얼굴살 관리 전문 병원을 하고 있다. 11년째 같은 진료를 하고 있다. 나에게는 다양한 환자들이 오고 있다. 얼굴살이 많아 문제인 사람이 있고, 얼굴살이 없어 찾는 환자도 있다. 얼굴이 처져 오시는 분도 있고, 매일 붓는 얼굴로 고민인 분도 있다. 누구에게나 다양한 고민이 있다. 자신에게 고민인 문제가 다른 이에게는 희망사항이다.

서로 다른 문제로 나를 찾아오지만, 사실 그들이 원하는 바는 비슷하다. 작고 갸름하고 동안인 모습이다. 누구나 원하는 얼굴형이다. 큰 얼굴보다는 작은 얼굴을 원하고, 처진 얼굴보다는 갸름하고 날렵한 라인을 원한다. 주변 사람들보다 어려 보이는 얼굴은 진정한 워너비다.

한 가지 여러분에게 물어보려고 한다. 여러분은 왜 작고 갸름한 얼굴을 원하는가? 크고 처진 얼굴을 싫어하는 이유는 무엇일까? 우리는 왜 작은 얼굴, 날렵한 얼굴이 되기 위해 그렇게 노력을 하고 돈을 쓰고 있는 것일까? '미'라는 것은 주관적 판단일까? 아니면 객관적 기준이 있을까? 답은 하나다. 우리 모두는 '누구나 바라는 자신만의 아름다움'을 원한다. 객관성 속에 숨은 주관적 매력이 아름다움이다.

우리가 원하는 미, 예쁨, 아름다움은 본능이다. 누구나 원하고 인정하는 아름다움이 있다. 물론 개인적 차이가 있고, 부분적 특이성이 있을 수 있다. 하지만 보편적 미에 대한 기준은 비슷하다. 우리는 그렇게 교육받았기 때문이다. 우리에게 그렇게 각인되었기 때문이다. 시대가 원하는 미의 기준은 집단 무의식으로 우리 관념에 박혀 있다. 그것은 나의 선택이 아니다. 물론 내 잘못도 아니다. 나의 역사 이전에 형성된 미의 기준이 나의 관념으로 각인된 것이다. 그래서 동시대에 비슷한 지역의 미인은 정형화된 기준을 가지고 있다. 우리의 이상형이 비슷한 이유다. 물론 시대가 지나면서 미인의 기준은 바뀔 수 있다. 고대의 석화나 조각상을 보면 그렇다. 지금의 미인과는 전혀 다른 풍성한 몸매의 미인상을 볼 수 있다. 집단적 관념이 그 시대의 미인을 만들기 때문이다.

최근 성형 트렌드에 변화가 생기고 있다. 과거에 예쁜 눈, 오똑한 코, 앵두 같은 입술이 미인의 전형이었다면, 요즈음은 자연스러운 느낌의 매력적인 인상이 또 다른 미의 기준이 되고 있다. 몇 년 전만 하더라도 확실한 전후 차이를 원하던 이들도, 최근에는 자연스럽게 티 나지 않는 성형을 원하고 있다. 그러면서 그들이 원하는 한마디는 이거다. "원장님, 어색하지 않게 해주세요. 자연스럽고 좋은 이미지로 보여지게요." 그들은 더 이상 티 나는 성형을 원하지 않는다. 대신 따뜻하고 자연스러운 나만의 모습을 원한다. 이미지 성형을 원하는 것이다.

이미지는 인상을 의미한다. 인상은 한자로 도장 인, 코끼리 상이 합친 말이다. 상대방의 모습을 도장 찍듯 내 마음에 각인시킬 때 인상이라 한다. 그래서 인상은 오래간다. 누군가를 처음 보았을 때 그 느낌을 첫인상이라 한다. 그래서 인상은 느낌이다. 인상은 외모가 아니다. 외모는 오래가지 않는다. 처음 만난 그녀의 눈과 코와 입술은 다음날 기억에서 사라진다. 흔적조차 없다. 하지만 그녀의 환한 웃음과 따뜻한 미소는 마음에 남아 있다. 가슴에 인 박여 있다. 인상으로 남았기 때문이다. 외모는 연기처럼 날아가지만, 인상은 도장처럼 각인되는 것이다. 인상이 중요한 이유다. 그녀들이 인상 성형을 원하는 이유다.

하지만 인상은 성형으로 만들어지는 게 아니다. 성형수술이 도움을 줄 수는 있다. 하지만 그 도움이 전부가 될 수는 없다. 인상은 느낌이기 때문이다. 좋은 느낌, 따뜻한 인상은 예쁜 얼굴, 잘생긴 외모에서 오는 것이 아니다. 오히려 과한 성형으로 인해 표정이 어색한 사람들이 나쁜 인상으로 기억되기도 한다. 인상은 수술로 만들어지는 게 아니기 때문이다. 인상은 찾아가는 것이다. 자신의 숨겨진 인상을 찾는 것이 인상 성형의 핵심이다. 그리고 그 바탕에는 바이브가 존재한다.

바이브는 우리에게 전달되는 자신만의 느낌이다. 좋은 바이브를 지닌 사람은 좋은 인상으로 기억된다. 그리고 인상이 좋을 때 우리는 그를 마음에 간직한다. 따뜻한 바이브를 지닌 사람은 그 온기가 고스란히 우리에게 전달된다. 부의 바이브를 풍기는 사람을 부자로 쳐다보는 것도 같은 이유다. 좋은 바이브는 그의 얼굴을 통해서 우리에게 비춰진다. 그의 미소가 굿 바이브의 통로가 된다.

우리의 표정은 우리의 감정과 일대일로 매칭되어 있다. 즐겁고 행복한 감정은 웃음과 긍정의 표정으로 나타난다. 입꼬리가 올라가고, 앞볼이 올라가며, 눈가에 미소가 생긴다. 턱 끝이 살아나면서 얼굴 라인이 올라간다. 소위 말하는 웃는 얼굴이 생긴다. 그러면서 긍정의 에너지가 나타난다. 그 에너지는 고스란히 우리에게 전달된다. 웃음이 전염되는 이유다.

이때 쓰이는 얼굴 근육이 있다. 바로 미소 근육이다. 얼굴에 있는 미소 근육이 작동하면 우리 표정은 밝아진다. 그리고 즐거운 감정도 생긴다. 미소 근육을 자주 쓰면 표정이 좋아진다. 얼굴에 미소가 생기고 평상시 모습도 좋아진다.

지금 옆에 거울이 있으면 자신의 얼굴을 바라보자, 스마트폰을 통해 영상을 촬영하면 더욱 효과적이다. 거울 속 자신의 얼굴을 관찰해보자. 웃는 얼굴인가? 미소를 머금은 모습인가? 나는 확신한다. 전혀 그렇지 않을 것이다. 우리는 평소 입술을 다문 채, 미간에 힘이 들어간 모습으로 살아간다. 지하철에 비친 사람이나 승강기에 있는 주변을 관찰해보라. 거의 비슷한 표정으로 살아간다. 그 표정이 우리의 무표정이다. 오늘 하루를 보내며 가장 많은 시간을 같이하는 표정이 무표정이다. 그래서 무표정은 우리의 가장 기본 표정이다. 그 무표정이 우울하다. 일상이 어둡고, 삶의 에너지가 부정적인 이유다. 삶이 고난처럼 느껴지는 원인이다. 표정이 어둡기 때문이다.

이제 거울을 보고 따라 해보자. '아이는⒤', '아이는⒤', '아이는⒤.' 이렇게 열 번 정도 '아이는'이라는 단어를 말하고 자신의 표정을 관찰해보자. 자신만의 숨겨진 미소가 나타난다. 굳게 다문 입술이 떨어지고, 입꼬리가 살짝 올라간다. 앞볼의 볼륨이 생기고 눈 아래 애교살마저 살아난다. 미소 근육을 쓰기 때문이다. '아이는'은 미소 근육을 가장 쉽게 쓸 수 있는 단어다.

일상의 무표정에 미소를 담는 단어가 '아이는'이다. 그 단어를 통해 우리는 우리의 표정과 감정을 변화시킬 수 있다. 긍정의 감정과 좋은 느낌이 자연스럽게 드러난다. 나도 모르게 입꼬리가 올라가면서 즐거운 생각이 올라온다. 굿 바이브가 나를 감싸게 된다.

나는 하루에도 수십 번 '아이는'을 반복한다. 그리고 즐겁게 진료하고 있다. '아이는'과 함께 시간을 보낼 때 반드시 듣게 되는 말이 있다. '너 무슨 좋은 일 있어?', '너 요즈음 행복해 보여.', '로또 맞앉어?', '원장님 요즈음 연애하세요?' 주변 사람들의 반응도 긍정적이다. 콧노래를 흥얼거리며 눈웃음도 슬쩍 흘려본다. 어느새 내 마음은 즐거움이 가득 차 있다. 행복의 물감이 채색되고 있다. 그 이유가 무엇일까? 바로 아이와의 연결 때문이다. 우리는 '아이는'의 반복을 통해 아이와 만나게 된다.

무한한 사랑과 허용의 'i'는 자신의 이름을 통해 우리에게 굿 바이브를 전달하고 있다. 그 아이와 하나 될 때, 우리에게 좋은 느낌이 생기고, 긍정의 감정이 나타난다. 나와 아이가 공명하기 때문이다. 가슴이 뛰고 설렘이 나타난다. 그러면 우리는 행동하게 된다. 지금의 상황을 허용하는 마음의 여유도 생긴다. 힘들고 지친 일상도 한 걸음 뒤에서 볼 힘이 생기는 것이다.

• • •

세상은 아이의 인식을 내가 관찰하는 공간입니다. 아이의 인식을 허용하고, 주변의 변화를 인지할 때 세상은 바뀌게 됩니다. 나의 노력으로 세상을 변화시킬 수 없습니다. 삶은 내가 스스로 사는 것이 아니기 때문이죠. 세상은 아이에 의해 저절로 펼쳐지는 곳입니다. 나는 단지 그 변화를 관찰하고, 지금의 모습을 허용하는 관찰자입니다. '아이'가 창조자고 '나'는 그 결과물을 오감을 통해 관찰하는 하나의 채널입니다. 하지만 삶의 모습을 긍정하고 지금을 변화의 과정으로 인지할 때 미래의 결과와 지금의 과정이 하나로 연결됩니다. 현재는 미래에서 펼쳐진 과정이고, 그 과정을 허용할 때 지금 결과도 나타나기 때문이죠. 과정이 있어야 결과가 존재합니다. 그 점을 꼭 기억하셨으면 좋겠습니다. 지금의 초라하고 보잘것없는 '나'가 미래의 풍족한 '나'의 기억이었다는 점을 아셨으면 좋겠습니다.

지금 여기에 존재하십시오. 현재를 긍정하고 삶의 변화를 관찰해보십시오. 미래만 바라보고 늘 그곳에 있지 말고, 현재에 머물며 굿 바이브를 간직하며 지내보십시오. 우리에게는 현재밖에 없습니다. 과거와 미래는 환상이고 허구입니다. 현존하십시오. 여러분의 현존에 '아이는'은 좋은 친구가 되어줄 겁니다. 삶을 바꾸는 힘이 될 것입니다.

별거 아닌 것 같은가요? '이게 뭐라고 인생이 달라질까?' 의구심이 드나요? 오늘부터 시작해보십시오. 혹시 기억나나요? 별거 아닌 게 삶의 전부가 되는 게 인생입니다. 여러분의 삶에도 비슷한 순간이 있었을 겁니다. 거창하지도 화려하지도 않은 삶의 작은 변화가 삶 전체를 뒤흔드는 순간이 있었을 겁니다. 그 순간이 지금 펼쳐지고 있습니다. 인생이 한 방인 이유입니다. 순간의 변화가 삶 전체를 지배하기 때문입니다. '아이는'이 이 순간의 선물입니다. 제가 그랬습니다. 여러분도 그럴 겁니다. '아이는'을 머리에 기억하세요. '아이는'을 몸에 기록하세요. 여러분의 삶이 바뀌게 됩니다. 내일이 바뀌는 시크릿, 그 시작이 '아이는'입니다. 느껴지시나요? 여러분의 내일은 이미 변하고 있습니다. '아이는.'

02

있는 그대로 Being

학창 시절, 학교에서 배우는 중요한 과세는 이름 붙이기었다. 눈앞에 보이는 세상을 각자의 이름으로 분류하였다. 이름을 통해 사물을 분별하고, 세상을 정리하였다. 나와 너를 구분하고, 나와 나아닌 것을 분리하였다. 이를 통해 사물을 정의하는 법을 공부해왔다. 대부분 학교에서 이를 가르쳤고, 네이밍은 모든 학습의 기초가 되었다. 암기는 교과서에 적혀 있는 수없이 많은 이름을 외우는 과정이었다. 암기를 잘하는 학생은 선생님으로부터 칭찬을 들었다. 사회로부터 인정받았으며, 주변의 부러움을 샀다. 학교에서는 우등생으로 기억되고, 수능에서는 좋은 성적이 보장되었다. 원하는 대학과 원하는 학과에 갈 수 있었고, 그곳에서도 이름 붙이기를 통해 자신의 역량을 발휘했다. 이름 붙이기는 늘 자신의 성장과 함께했다. 언어는 스스로의 성장과 발전에 기본이 되었다.

물론 이름 붙이기는 중요하다. 이름 붙이기는 눈앞에 대상을 개념화하여 기억하기 좋은 형태로 보관할 수 있다. 세상에 펼쳐진 수없이 많은 지식과 정보를 분류할 수 있으며, 이를 활용하는 데도 유용하다. 오늘날에 펼쳐진 눈부신 발전에 있어 언어는 훌륭한 역할을 해왔다. 언어를 활용하는 사람은 성공의 반열에 올랐고, 자신의 이름도 언어를 통해 알렸다. 언어는 우리 삶의 필수가 되었고, 삶 그 자체가 되었다. 아침에 눈을 뜨고, 하루를 보내고, 잠자리에 들 때까지 우리는 언어에 빠져 있었다. 그리고 우리는 언어에 눈멀게 되었다.

우리는 눈앞에 대상을 보지 못한다. 우리는 눈앞에 이름을 본다. 이름으로 정의된 사람을 보고, 스마트폰을 보고, 책상을 보고 세상을 본다. 이름이 지워지면 어떻게 될까? 상당히 당황스럽다. 언어의 안경을 걷어낼 때, 세상은 뿌옇게 변하기 때문이다. 대상의 경계가 사라지기 때문이다. 분리와 분별의 기능이 사라진 세상은 하나로 연결되어 있다. 눈앞의 세상이 한 장의 이미지로 드러난다.

책상을 책상이라는 이름 없이 볼 수 있을까? 네 개의 다리와 하나의 상판을 가진 책상을 있는 그대로 볼 수 있을까? 이름 없는 책상을 받아들이기는 쉽지 않다. 우리에게 세상은 언어로 해석된 모습이기 때문이다. 세상은 언어고, 이름은 세상을 구분하는 기준이기 때문이다. 우리 모두 언어의 안경을 쓰고 있다.

언어는 나와 너, 나와 세상을 구분하고 있다. 하지만 언어가 그 모든 것을 담아내지 못한다. 언어 또한 대상의 한 부분만을 규정할 뿐이다. 책상이라는 이름이 책상의 전부를 담아내지 못하는 이유다. 눈앞에 책상이 있다. 그런데 너무 낡아 책상다리가 부러졌다. 책상은 넘어져 앞으로 기울어졌고, 넘어지는 과정에서 상판도 부러졌다. 다리가 세 개 있는 상판이 부서진 책상. 우리는 눈앞에 책상을 무엇이라 부를 것인가? 이것에 책상이라는 이름을 붙일 수 있을까?

언어는 기억의 이미지다. 언어는 유추고 연상이다. 언어는 비슷한 형태와 색을 지닌 대상에 부여하는 하나의 정의고 규정이다. 인류 공통에 박혀 있는 기억의 이미지를 우리는 언어를 통해 표현한다. 그리고 비슷한 모습의 대상은 같은 이름을 부여한다. 우리는 이름을 통해 대상을 떠올리고, 눈앞의 책상을 책상으로 받아들인다. 나의 책상과 너의 책상은 다르지만 우리는 같은 이름으로 책상을 바라본다.

사실은 바라보지 못한다. 책상에서 시선을 머물게 하지 않는다. 우리는 책상을 책상으로 해석하고 시선을 거두어버린다. 언어의 안경은 우리의 시선을 세상에 남겨두지 않는다. 해석하고, 판단할 뿐이다. 생존 본능 때문이다.

인류에게 있어 세상은 두려움의 대상이었다. 한없이 나약한 존재로 세상에 태어난 인간은 철저히 자신을 보존하기 위해 고군분투하게 된다. 자연은 거대하고 통제 불가능했으며, 우리 주변은 거대한 동물들로 둘러싸여 있었다. 강한 발톱은 그들의 무기였고, 민첩한 다리는 우리를 압도했다. 우리에게는 날 수 있는 날개도 없었고, 물속에서 숨 쉬는 아가미도 없었다. 오직 두 팔과 두 다리로 살아남아야 했다. 세상이라는 무대는 도전이었고, 생존이었고, 두려움이었다. 스스로 생존과 종족 보존을 위해 위협을 감지하는 본능은 생에 필수 요소가 되었다. 눈앞에 대상이 나에게 위협이 될지, 도움이 될지 즉각적인 판단이 필요했다. 눈앞의 호랑이를 웃으며 대할 수는 없는 일이었다.

이를 위해 우리는 언어를 사용하기 시작했다. 인류가 적자생존하며 역사를 이어온 데는 언어가 있었다. 나와 세상을 구분하고, 나와 나를 공격하는 대상을 언어를 통해 규정하였다. 생존을 위협하는 기억은 언어에 남겨지고 그 이름은 언어를 통해서 전달되었다. 언어를 통해 인류 공통의 위협을 공유하게 된 것이다. 호랑이가 호랑이라는 이름을 달고 우리에게 기억되는 이유다.

• • •

겨울이 다가오니 아직 빨갛게 노랗게 물든 서울숲이 늦가을 노을에 채색되어갑니다. 그 안에서 물들어갑니다. 단풍나무, 은행나무가 아닌 가을 저녁의 수채화로 나타납니다. 자연은 한 폭의 수채화입니다. 여러분의 자연도 마찬가지입니다. 그 이유가 무엇일까요? 자연은 경계가 없기 때문입니다. 이름의 테두리와 색의 구분은 우리의 눈에만 보입니다. 자연의 본질은 연결입니다. 자연의 눈으로 세상을 바라볼 때 명색은 흐려지고 희미해집니다. 그 속에서 저도 희미해집니다. 가을에 물들어갑니다.

여러분도 비슷한 경험이 있을 겁니다. 태풍이 다가올 때 무섭게 부서지는 파도의 외침, 칠흑 같은 어둠 속에 떠 있는 무수한 별들, 봄에 내리는 벚꽃들의 빗줄기, 정상에서 맞이하는 구름의 향연, 세상의 소음을 뒤덮은 늦겨울의 눈. 자연이 우리에게 주는 장엄함 속에는 연결이 있습니다. 파도와 바위, 하늘과 별, 벚꽃과 줄기, 산과 구름, 도시와 눈이 아닌 있는 그대로의 자연이 있을 뿐입니다. 구분이 아닌 연결의 공간이 자연이었습니다. 세상은 이 사실을 우리에게 늘 보여주고 있었습니다.

있는 그대로의 세상을 바라보세요. 판단하지 말고, 평가하지 말고, 있는 그대로 지금 여기에 머물러보세요. 여러분 앞에 새로운 세상이 드러납니다. 그 세상을 바라볼 때, 우리에게는 또 다른 눈이 생기게 됩니다. 언어의 안경을 벗고, 분별하는 시선에서 자유로워질 때, 세상은 새롭게 펼쳐집니다. 바로 '있는 그대로'의 세상입니다. 이원성의 분리감 없이 있는 그대로의 세상이 본래 세상의 모습입니다. 이곳을 허용할 때, 우리는 세상과 연결됩니다.

세상을 살면서 우리는 기억하고 규정하고 구분해야 합니다. 이를 통해 목표를 이루고 원하는 삶을 살아야 합니다. 우리가 사는 에고의 세상은 언어를 통해 돌아가기 때문입니다. 하지만 잊지 말아야 할 사실이 있습니다. 분별하고 구분하고 판단하는 동시에 있는 그대로를 느끼고 온전히 누려야 할 권리도 있다는 것입니다. 우리는 그렇게 살기 위해 이곳을 방문하였습니다. 지구별의 여행은 숙제하기 위해 온 게 아닙니다. 문제만 해결하기 위해 이곳을 방문한 게 아닙니다.

나의 성공과 아이의 호기심을 공존하며 지내보세요. 생존을 위해 판단도 하고, 목표를 위해 노력도 하며, 세상이 주는 연결도 느껴보세요. 하나만 선택해서 지내지 마시고, 나로 살기도 하고 아이로도 지내보세요. 하나만 선택해서 살 필요는 없습니다. 둘 다 즐기며 삶을 펼쳐보시길 바랍니다.

저는 절대로 배고픈 구도자로 살지 않습니다. 세상을 등진 채, 마음 수련하며 살지 않습니다. 현실을 떠난 영성 생활도 추천하지 않습니다. 생업을 포기한 채, 생활 터전을 벗어나는 것도 권하지 않습니다. 지금 이곳, 여러분의 삶 속에 머무르길 바랍니다. 두 개의 눈을 간직한 채, 나와 아이의 시선을 가지고 지내보길 권해 드립니다.

굿 바이브를 간직한 채, 현실 창조를 하면서, 영성에 집착하지 말고, 삶의 변화를 인지해보세요. 오늘을 허용해보세요. 어느 순간 여러분의 삶은 바뀌어 있습니다. 이미 바뀐 모습으로 드러나 있습니다. 그 속에서 즐거운 여정을 이어가시길 바랍니다. 우리는 그렇게 살기 위해 이곳에 왔습니다.

03

아이는 2ㅑ

나는 중학교 때 성적이 고만고만했다. 반에서는 상위권에 들 때도 있었지만 전교 등수에서는 전혀 눈에 띄지 않았다. 그 당시 학교 게시판에는 전교 1등부터 30등까지의 명단을 공개했다. 등하교 길에 보이는 그 게시판에는 관심이 없었다. 공부에는 취미가 없었고, 친구들처럼 과외를 받을 수 있는 상황도 아니었다. 성적에 대한 집착도 없었고, 공부에 대한 열정도 없었다. 그냥 평범하게 학교생활을 하는 잘 기억되지 않는 학생이었다. 그렇게 중학교를 보냈다.

고등학교를 입학하고 갑자기 공부해야겠다는 생각이 들었다. 집도 가난하고, 나의 성장을 지지해줄 경제적 여유도 없었다. 밥벌이를 위한 기술도 없었다. 눈앞에는 교과서와 볼펜밖에 없었다. 나는 공부를 해야 했다. 공부해서 좋은 대학을 가고, 좋은 직장에 취직해야 했다. 따뜻한 물이 나오는 좋은 집에서 살아야 했다. 그러기 위해서는 공부를 해야 했다. 그때부터 나는 공부했다.

큰 계기가 있었던 건 아니다. 어느 날 문득 공부를 시작했다. 교과서와 문제집을 외우기 시작했다. 무슨 말인지도 몰랐지만, 그냥 외우기로 결심했다. 안 외워지더라도 그 작업을 반복했다. 기초가 없는 나였지만 반복해서 보다 보면 조금씩 이해가 되었다. 모르는 것도 백 번 읽으면 그 뜻을 알 수가 있듯, 모든 과목을 반복하며 읽고 또 읽었다.

고등학교 2학년 때였다. 나는 수학의 정석을 풀고 있었다. 사실은 수학도 암기하고 있었다. 열심히 답안을 외우고 있을 때였다. 점심시간이 지나 눈이 풀리고 잠이 오기 시작했다. 그때였다. 처음으로 보이지 않던 숫자가 눈에 보였다. '이게 뭐지?' 그것은 i였다. 세상에 없는 신비로운 존재, i를 그때 만나게 되었다.

i는 제곱하면 마이너스 1이 되는 유일한 존재였다. 지구상에 존재하는 어떤 수도 제곱을 하면 마이너스가 될 수 없다. 눈에 보이

는 세상에서 존재할 수 없는 아이를 만나게 된 것이다. 너무나 신기한 숫자였다. 아니 숫자라는 말을 붙일 수 없었다. 'i'는 그냥 'i'였다. 이름을 붙일 수 없는 유일한 존재였다. 이름을 넘어서는 존재였다. 인식되지만 존재하지 않는 수, 'i'였다.

'i'는 수학을 풀 때마다 늘 등장했다. 우스갯소리로 수학의 주관식 정답은 $\sqrt{2}$ 아니면 'i'라는 말까지 나왔다. 'i' 없이는 문제가 풀리지 않았다. 너무나 신기했다. 세상에 존재하지 않는 'i'가 없으면 세상의 수학은 해결되지 않았다. 눈에 보이는 세상이 눈에 보이지 않는 존재로 돌아가고 있었다. 그것도 가장 논리적이고 가장 명료한 수학이라는 과목에서였다. 세상은 이미 아이에 의해 돌아가고 있었다.

20년이 지난 지금, 나는 신논현역 근처에서 진료를 보고 있다. 11년간 얼굴살을 치료하고 관리하고 있다. 11년째 같은 진료를 하면서 느낀 점이 있다. 같은 날, 같은 수술을 해도 수술의 결과는 다르다는 것이다. 수술 결과가 잘 유지되는 분이 있는가 하면, 시간이 지나 원래의 모습으로 돌아가는 분들도 있다. 특히 처진 살을 흡입하고 리프팅하는 수술은 환자의 습관에 따라 결과가 천지 차이다. 얼굴 습관이 성형수술만큼 중요한 이유다. 특히 표정이 어둡고, 얼굴 근육을 못 쓰는 사람들은 수술 후에 다시 처지게 된다.

우리의 얼굴 근육 중 얼굴 라인을 올려주는 근육이 있다. 일명 리프팅 근육이라 불리는 근육이다. 입꼬리 주변과 팔자주름에서 시작해서 광대 쪽에 부착된 근육이다. 리프팅 근육이 수축하면 처진 얼굴이 올라간다. 턱 라인이 갸름해지고, 앞볼에 볼륨이 생긴다. 미소가 생긴다. 입꼬리도 올라가고 눈 아래 애교살도 생기며 인상이 좋아진다. 웃는 얼굴이 만들어지기 때문이다. 그래서 리프팅 근육을 미소 근육이라 부리기도 한다.

우리의 감정은 우리의 표정과 1:1로 연결되어 있다. 얼굴에 미소가 생기면 긍정의 감정이 생긴다. 그리고 즐거운 감정이 생길 때, 우리의 얼굴도 환해진다. 웃는 표정과 슬픈 표정을 동시에 지을 수는 없다. 마찬가지로 슬픈 감정과 즐거운 감정이 동시에 생기지 않는다. 얼굴에 미소를 머금을 때, 나도 모르게 좋은 느낌이 드는 것은 자연스러운 현상이다. 굿 바이브는 미소를 통해 보여진다. 그리고 미소의 시작이 '아이는'이다.

'아이는'이라는 단어를 통해 자신의 숨겨진 미소를 발견할 수 있다. '아이는'을 말하고 거울을 통해 비쳐지는 얼굴을 보라. 자연스럽게 전달되는 따뜻함을 느낄 수 있다. 그 따뜻함 속에 굿 바이브가 자리 잡고 있다. 그 느낌을 간직한 채 하루를 지내보라. 어느새 변화된 오늘을 느낄 수 있을 것이다. 오늘이 변하면 삶이 변한다. 그렇게 인생은 펼쳐지게 된다.

· · ·

에고의 본질은 두려움입니다. 우리는 두려움 덩어리입니다. 그 밑바탕에는 생존에 대한 본능이 있습니다. 나약한 인간으로 살아남기 위한 몸부림이 두려움입니다. 그래서 우리의 표정은 어둡습니다. 가슴 깊이 내재된 두려움이 우리의 얼굴에 드러나기 때문입니다. 거리를 걷는 사람들의 표정을 들여다보세요. 지하철에 앉아 있는 분들도 관찰해보세요. 두 가지 특징이 있습니다. 입을 다문 채, 미간에 힘을 주고 있습니다. 어금니에 힘을 줘서 턱 근육이 보이는 분들도 있고, 미간에 주름이 잡힌 사람들도 있습니다. 대부분 사람이 비슷한 표정으로 시간을 보내고 있습니다. 입 주변과 미간 주변의 근육은 우리의 불안과 불만을 표현합니다. 부정적 감정이 나타날 때 긴장하는 근육입니다. 미소 근육과 반대되는 근육입니다. 자연스럽게 부정적 바이브가 그들을 감싸게 됩니다.

아이의 본질은 사랑입니다. 아이는 사랑 덩어리입니다. 그 밑바탕에는 허용에 대한 본능이 있습니다. 지구별의 여행자로 즐기기 위한 몸짓이 사랑입니다. 그래서 아이의 표정은 밝습니다. 마음속을 가득 채운 사랑이 아이의 얼굴에 드러나기 때문입니다. 그래서 아이를 대할 때 우리의 표정도 밝아집니다. '아이는'이라는 단어만으로도 우리의 미소 근육은 작동하기 시작합니다. 나도 모르게 입꼬리가 올라가고, 턱 라인이 올라가면서 기분마저 좋아집니다. 긍정의 감정과 좋은 느낌이 동시에 올라옵니다. 굿 바이브가 나를 감싸게 됩니다.

'마음이 합니다.' 한 보험회사의 광고 문구가 눈길을 끕니다. '마음이 한다.'라는 것은 진리입니다. 모든 것은 마음이 드러난 것입니다. 세상은 내면의 표현이고 마음의 반영입니다. 이 마음은 나의 마음이 아닙니다. 아이의 마음입니다. 나의 마음은 흔들리고, 두렵습니다. 하지만 아이의 마음은 흔들리지 않고 두렵지 않습니다. 그곳은 비어 있습니다. 그곳에는 불안과 공포, 분노와 미움이 들어차지만 기쁨과 즐거움, 웃음과 행복도 들어갑니다. 하지만 그 무엇에도 물들지 않습니다. 자리만 내어줄 뿐입니다.

두려운 마음이 아이의 자리를 차지할 때, 삶은 두려움으로 펼쳐집니다. 불안이 그 자리를 꿰찰 때, 나는 불안의 시간을 보내게 됩니다. 하지만 이내 그 자리는 비워지고, 우리의 불안과 두려움도 사라집니다. 기쁨과 즐거움도 마찬가지입니다. 웃음과 행복이 영원하길 바라지만 절대 그럴 수 없습니다. 그 자리는 항상 비워집니다. 그렇기에 우리는 살 수 있습니다. 늘 행복하면 우리는 살 수 없습니다. 행복을 느낄 수 없습니다. 행복이 사라져야 행복을 추억하며 행복해질 수 있습니다.

오늘 어떤 하루 보내셨나요? 만족할 만한 하루를 보내셨나요? 혹은 불안과 초조함에 힘든 시간을 보내셨나요? 책을 덮고 눈을 감아보세요. 그리고 '아이는'을 열 번 반복하며 조용히 머물러보세요. 그 단어가 주는 따뜻함을 느끼며 나만의 아이를 만나보세요. 아이의 눈으로 자신을 바라보고, 두려움에 떨고 있는 나를 감싸 안아주세요. 그 불안도 알아주고 느껴보세요. 고통을 사랑하라는 말은 어려운 게 아닙니다. 그냥 한번 느껴보는 것입니다. 그리고 그 고통이 희미해질 때쯤 '아이는'을 반복하고 눈을 떠보세요. 새로운 얼굴이 여러분을 맞이할 것입니다. 여러분의 숨겨진 얼굴을 만나게 될 겁니다. 세상에서 가장 아름다운 미소가 거울 속에서 반짝이고 있습니다.

'아이는'은 내일이 바뀌는 시크릿입니다. '아이는'과 함께 미소를 머금고, 굿 바이브를 간직한 채 오늘 하루를 허용해보세요. 여러분의 미래는 바뀔 것입니다. 그 모습으로 내일이 펼쳐질 것입니다. 믿기 어려운가요? 이미 여러분의 내일은 바뀌어 있습니다.

있는 그대로 2 Being

어릴 적 바닷가는 놀이터였다. 눈만 뜨면 바다로 놀러 가 조개도 따고, 게도 잡고, 물놀이도 했다. 형들과 함께 낚시도 하고, 낚은 고기를 팔아 용돈도 마련했다. 모래 위에서 씨름도 하고, 바다 수영도 하면서 시간을 보냈다. 당시 광안리 앞바다는 지금처럼 개발된 모습이 아니었다. 파도에 쓸려온 미역이 모래사장에 퍼져 있었고, 낚시꾼들이 버리고 간 쓰레기들이 주변에 나뒹굴었다. 주인을 알 수 없는 개들이 먹잇감을 찾아다녔고, 그들의 분뇨가 여기저기 묻혀 있었다. 깨진 유리병에 발가락을 베여 병원을 간 적도 있었고, 떠밀려온 나무 파편에 갈비뼈가 부서진 적도 있었다. 당시 바다는 놀이터이자 삶의 터전이었다. 그때를 추억하면 바다밖에 떠오르지 않는다. 그 중 아직도 잊히지 않는 장면이 있다. 그날은 태풍이 올라온 날이었다.

태풍 경보로 한 발짝도 집 밖을 나갈 수 없었다. 바닷가를 접한 우리 집은 태풍이 올라온 날은 전쟁 전야였다. 억수 같은 비가 창문을 때리고, 화장실 천장에서는 물이 떨어졌다. 텔레비전은 지직거리며 화면이 깨졌고, 라디오는 먹통이었다. 하루 종일 집에만 박혀 있었다. 책을 봐도 만화를 뒤적여도 집중이 되지 않았다. 깨질 듯한 창문의 떨림과 꺼질 듯한 천장의 두드림은 나를 혼란스럽게 했다. 무섭기도 했고, 궁금하기도 했다. 문득 태풍이 지나는 바다가 보고 싶어졌다. 가족들은 모두 잠들어 있었다.

비옷을 입고, 장화를 신고 문밖을 나갔다. 평소에 들리던 현관의 찌직 소리도 거대한 태풍 앞에서는 침묵했다. 집 밖을 나가는 순간, 들고 있던 우산이 사라졌다. 휙 하는 소리와 함께 하늘로 솟구쳐 올랐다. 발을 뗄 수가 없었다. 엄청난 비바람에 허리가 휘청이고 몸은 날아갈 것 같았다. 발이 미끄러져 넘어졌고, 몸은 바람에 이끌려 어디론가 떠내려갔다. 이대로 가다간 태풍에 날아갈 것 같은 공포감에 나도 모르게 손을 뻗었다. 눈앞의 전봇대를 끌어안았다. 생존의 몸부림이었다. 전봇대를 끌어안고 눈을 감은 채, 바람이 잦아들기를 기다렸다. 바람은 끝없이 몰아쳤다. 얼마나 지났을까? 손에 감각이 줄어들고 움켜쥔 손가락이 펴질 때쯤 조용히 눈을 떴다.

그때 나는 보았다. 바다를 집어삼킨 태풍을 보았다. 나를 향해 돌진하는 거대한 파도를 전봇대를 부둥켜안은 채 바라보았다. 나의 키보다 몇 배나 큰 바다의 발길질이 눈앞에 펼쳐졌다. 태풍은 소리였다. 태풍이 만드는 파도의 소리, 귓가를 때리는 빗소리, 얼굴을 가르는 바람 소리. 이 모든 소리가 태풍의 본질이었다.

눈앞에 펼쳐지는 파도의 외침은 세상의 소음을 삼켜버렸다. 고막을 찢는 듯한 소리의 진동만이 그곳에 존재했다. 모양과 형태를 알 수 없는 격렬한 바다의 몸짓은 잠시도 가만있지 못하고 끝없이 흔들렸다. 그 속에서 나도 흔들리고 있었다. 몸도 흔들렸고, 마음도 흔들렸다. 믿을 수 없는 공포가 나를 휩싸고 있었다. 나는 다시 눈을 감았다. 태풍과 파도의 소리에 귀 기울인 채 조용히 숨을 쉬었다. 그 소리에 집중한 채 가만히 듣고 있었다. 1초, 2초, 3초. 어느새 마음이 고요해지기 시작했다. 격렬한 파도처럼 가만히 있지 못하고 흔들리던 마음이 동요 없는 고요함에 가라앉고 있었다. 격렬한 파도와 요동치는 태풍의 소리, 그것과 하나가 되고 있었다. 그곳의 나는 사라지고 있었다, 나는 소리로 존재했다. 그 소리는 고요했다. 그때 느낀 고요를 지금도 잊을 수 없다. 격랑의 자리에 고요가 있었다. 그 자리는 태풍이 지나가도 늘 그 상태로 자리 잡고 있었다. 어떤 격랑에도 물들지 않는 고요의 자리, 아이(i)는 늘 나와 함께 있었다.

· · ·

우리는 꿈꾸고 있습니다. 세상은 의식이 만든 신비로운 현상일 뿐입니다. 아이의 인식을 내가 인지하고 있습니다. 아이의 직관이 나의 내면이 되어 삶에 펼쳐지고 있습니다. 나와 세상은 아이의 의식 공간입니다. 그 배경은 늘 세상의 이미지를 담고 있습니다. 이미지와 함께 바이브도 동반됩니다. 우리가 보내는 시간이라는 환영 속에는 생각, 감정, 느낌이 항상 공존합니다. 생각, 감정, 느낌 없이 보내는 시간은 없습니다. 하지만 그 생각에, 그 느낌에, 그 감정에 아이는 물들지 않습니다. 그것들이 펼쳐지는 공간으로만 존재합니다. 우리가 보는 영화도 마찬가지입니다. 영화가 펼쳐지는 영상에 백스크린은 물들지 않습니다. 집착하지도 않습니다. 하지만 나[1]는 다릅니다.

나는 생각에 집착합니다. 나는 감정에 끄달리고, 느낌에 빠져듭니다. 나는 생각, 감정, 느낌과 하나가 됩니다. 그 모습으로 세상에 드러납니다. 그것과의 동일시를 통해 나를 확인합니다. 나는 가난하다. 나는 불행하다. 나는 기분이 좋지 않다. 그렇기에 나는 부자가 되고 싶고, 행복해지고 싶으며, 좋은 기분으로 오늘을 보내고 싶습니다. 모두의 바람입니다. 우리는 부자가 되고 싶습니다. 하지만 쉽지 않습니다. 삶은 그렇게 잘 펼쳐지지 않습니다. 원하는 것을 이룬 삶은 존재히지 않기 때문입니다. 원하는 것을 이룬 모습도, 또 다른 욕망의 시작점일 뿐입니다. 욕망은 인간의 본능이고, 삶은 늘 과정으로만 존재하기 때문입니다. 1억 부자는 10억 부자의 과정일 뿐이고, 10억 부자는 20억 부자의 과정으로만 존재합니다. 끝없이 펼쳐지는 에고의 목마름은 채워지지 않습니다. 욕망은 소유로 채워지지 않습니다. 욕망은 허용으로 채워집니다.

삶을 허용하고, 자신을 있는 그대로 받아들일 때 욕망의 집착에서 벗어날 수 있습니다. 부족하고 불완전하고 초라한 자신의 모습을 있는 그대로 허용할 때 삶의 갈증에서 자유로워집니다. 하지만 쉽지 않습니다. 머리로는 이해하지만, 마음이 받아들이지 못합니다. 지금의 이 모습보다 내일의 저 모습이 좋습니다. 내일의 저 모습보다는 미래의 그 모습이 나을 것 같습니다. 언제나 여기보다는 저기, 저기보다는 거기가 좋습니다. 오늘보다는 미래가 좋아 보입니다. 인간이기 때문입니다. 누구나 똑같습니다.

이원성의 안경은 우리를 늘 불안하게 만듭니다. 가지고 싶은 것을 갖지 못했을 때 우리는 우울해합니다. 그리고 그것을 가졌을 때는 잃어버릴까 두려워합니다. 그리고 더 값진 것을 가지지 못함에 아쉬워합니다. 지금의 모습에 늘 만족하지 못하고, 또 다른 내일을 꿈꾸고 있습니다. 지금의 나는 항상 부족합니다. 불완전합니다. 그리고 미래의 나는 완전할 것이라는 착각에 빠져 있습니다. 우리의 눈이 항상 앞을 보기 때문입니다. 스스로를 보지 못하고 늘 미래만을 보고 있습니다. 그 눈을 감아보세요. 앞을 바라보는 나의 눈을 내려놓으세요. 그 눈을 감을 때, 또 다른 눈이 펼쳐집니다. 자신을 바라보는 주시자의 눈입니다. 그 눈을 통해 나를 들여다보세요. 그리고 자신을 알아보세요.

누군가를 미워하는 감정에 쌓여 있나요? 그 모습을 알고 알아주세요. 그리고 미움에 빠진 자신을 느껴보세요. 온전히 그 감정에 빠져 미움의 시간을 보내보세요. 외면하지 말고, 거부하지 말고, 없애려 하지도 말고 있는 그대로 완전히 느껴보세요. 그 무엇도 생각하지 말고 그를 미워하는 감정과 하나가 되어보세요. 그리고 그곳에 머물러보세요. 신기하게도 그 미움의 감정은 줄어들기 시작합니다. 그리고 어느새 사라집니다. 사는 게 두렵고 불안한가요? 그렇다면 그 불안과 하나가 되어 불안해보세요. 불안이 사라지도록 노력하지도 말고, 불안이 다가올 때 외면하지 말고, 있는 그대로 느껴보세요. 아, 이게 불안이구나. 나는 지금 불안의 감정과 동일시되어 있구나. 완벽하게 불안을 허용해보세요. 나에게 펼쳐지는 생각, 감정, 느낌을 없애려 하지 말고, 바꾸려 하지 말고 있는 그대로 수용해보시길 바랍니다. 있는 그대로, 지금 여기를 있는 그대로를 느껴보세요. 어느 순간 미움과 불안과 두려움은 사라집니다. 그리고 그곳에 또 다른 생각, 감정, 느낌이 채워집니다. 아이의 자리는 늘 비어 있기 때문입니다.

그 자리는 생각, 감정, 느낌에 물들지 않습니다. 나는 생각에 빠지고, 불안한 감정에 휩싸이며, 안 좋은 느낌에 매달려 힘든 시간을 보내지만 아이는 물들지 않습니다. 나는 부와 행복과 욕망에 집착하지만, 아이는 거기에 매달리지 않습니다.

격랑의 자리에는 늘 고요가 있었습니다. 내 마음이 불안에 떨고, 미움에 몸부림치고, 두려움에 사로잡혀 있어도 아이의 자리는 고요합니다. 그 자리는 태풍이 지나가도 늘 그 상태로 자리 잡고 있었습니다. 어떤 격랑에도 물들지 않는 고요의 자리, 아이(i)는 늘 우리(I)와 함께하고 있었습니다.

행복도 불행도, 즐거움도 슬픔도 늘 그 자리를 지나갈 뿐입니다. 삶의 희로애락은 아이의 자리에 잠시 머물다 갈 뿐입니다. 그렇게 우리의 삶이 펼쳐집니다. 그 자리를 알고, 인생을 엮어나갈 때 우리는 생로병사에 물들지 않습니다. 우리는 그렇게 자유로워집니다.

05

튜닝 Tuning

　나랑 친한 성천이라는 친구가 있다. 부산에서 통증의학과 병원을 하고 있다. 나와 같은 대학을 나왔고, 공중보건의 생활을 울산에서 같이하면서 더 친해졌다. 당시 성천이는 자동차에 빠져 있었다. 차 마니아였던 성천이는 자신의 차를 매번 튜닝했다. 차량의 성능을 업그레이드 하고, 차량 내 가속기와 변속기도 개조했다. 외관을 꾸미는 드레스업은 기본이었다. 당시 현대자동차에서 나온 2,000만 원가량의 스포츠 차량을 4,000만 원 주고 개조했다. 매번 볼 때마다 차량이 달라져 있었다. 달라진 차량만큼 성천이의 자부심도 높아졌다.

한번은 옆자리에 앉아 보건소로 이동을 하고 있었다. 갑자기 슝 하면서 바람 빠지는 소리가 났다. '이거 무슨 소리고?' '이거 바람 소리다. 튜닝 흡기로 변속을 하면 이런 소리가 난다. 소리 좋제?' 너무나 뿌듯한 얼굴로 나한테 이야기했다. '몇 번 더 들려줄까. 슝 슝슝~' 성천이는 기분 좋은 얼굴로 드라이빙을 즐겼다. 덜컹거리는 차 안에서 나는 안전벨트를 다시 한 번 확인했다. 앞에 달린 손잡이를 꼭 잡았다. 한 달 뒤 성천이 차량은 엔진 고장으로 정비소에 맡겨졌다.

요즈음 성천이는 튜닝하지 않는다. 세단을 타고, 양보도 하며, 조용히 운전한다. 더 이상 튜닝을 하며 목숨을 걸지 않는다. '요즈음 튜닝 안 하나?' '튜닝? 다 부질없는 짓이더라. 결국 하다 보면 안다. 순정이 제일 좋다.' '튜닝의 끝은 순정'이라는 말이 있다. 성천이도 고개를 끄덕인 말이다. 튜닝을 해본 사람들은 안다. 결국 순정으로 돌아간다. 삶도 마찬가지다.

마음공부를 하다 보면 느끼는 점이 있다. 수행을 착각에서 시작한다는 것이다. 마음공부를 하면 뭔가 모르는 깨달음이 있고, 이 깨달음을 통해 불행을 극복할 수 있다는 믿음이다. 그 깨달음을 위해 수련하고, 노력하고, 공부하는 것이다. 마음공부와 관련된 책을 보고, 유튜브 영상을 시청하며, 여기저기 영성 강의를 들으러 다닌다. 인터넷 카페에 가입해서 활동도 하고, 카페 모임에 나가 여러 사람과 이야기도 나눈다. 그 과정을 통해 자신의 힘든 삶을 극복하고, 나에게 닥친 시련과 고통을 없애려 하고 있다. 지금의 고통을 없애기 위한 삶의 도피처로 마음공부를 하게 된다.

명상을 통해서 마음의 안정을 찾고, 심상화를 통해 원하는 삶을 펼치려 노력한다. 내가 원하는 미래의 모습을 사진으로 붙여보기도 한다. 나의 꿈을 글로 써서 지갑에 넣기도 하고, 아침에 일어나 반복에서 밀해보기도 한다. 『시크릿』을 여러 번 읽고 따라 해보기도 하고, 주변 친구들에게 자신의 변화를 자랑하기도 한다. 나도 안다. 나도 그렇게 해봤기 때문이다. 하지만 삶의 변화는 쉽게 일어나지 않는다. 삶의 변화는커녕 마음의 평화도 잘 찾아오지 않는다. 억지스러운 삶의 이벤트만 발견될 뿐이다. 누군가에게 뜻밖의 선물을 받고, 길거리에 줍는 동전 정도에 머문다. 그러면 뭔가 될 것 같은 예감에 다시 마음공부를 시작한다. 이번에는 달라질 것이라는 믿음을 가지고 다시 매진한다. 그 공부에 집착한 채 일상을 등한시하는 경우도 있다. 더 나아가 자신의 생활 터전을 저버리고 시골이나 산골에 칩거하며 영성 공부에 골몰하는 사람도 있다. 그곳에서 몇 년 보내면 삶이 변할 것이라는 믿음 때문이다.

　깨달음과 일상은 공존하고 있다. 지금 여기에 깨달음이 있다. 여기를 버리고 저기에서 깨달음을 얻는 것은 착각이다. 그곳에서만 명상하고, 수련하고, 마음공부를 하는 것은 또 다른 집착을 일으킨다. 조건이 붙는 것은 진리가 아니다. 그곳에서만 얻는 진리는 진리가 아니다.

　진리와 깨달음은 늘 현존하고 있다. 지금 여기에, 있는 그대로의 모습으로 펼쳐지고 있다. 삶의 터전에서 명상하고, 사유하고, 호흡하는 것이다. 세상을 살아가는 나와 나를 알아주는 아이의 인식이 깨달음의 전부다. 아이의 인식을 내가 인지하며 살고 있다. 그렇기에 세상은 아이의 의식이 만든 신비로운 현상일 뿐이다. 세상은 실체가 없다. 아이의 관념이 드러나는 것일 뿐이다. 나는 무아고, 세상은 연기일 뿐이다. 인연 관계의 홀로그램이 세상이다. 그 속에 내가 있고, 그곳을 인식하는 아이가 있다. 그러기에 세상은 완전하다. 아이의 인식이 모든 곳에 존재하고 그 완벽함의 과정으로 지금이 펼쳐지기 때문이다.

부족하고 결핍된 나의 모습이 앞으로 펼쳐질 또 다른 모습의 온전한 과정이다. 내가 원하는 미래의 모습만큼 지금의 모습도 완전하다. 지금이 있어야 미래가 있다. 지금 행복해야 미래도 행복한 것이다. 행복은 이미 존재하고 있다. 그렇기에 불행도 공존하고 있다. 불행은 극복하는 것이 아니다. 불행은 없애야 하는 것이 아니다. 불행은 그냥 존재하는 것이다. 불행이 없다면 행복도 존재하지 않는다. 행복은 불행의 자궁에서 태어났기 때문이다. 하지만 우리는 불행을 거부한다. 불행이 사라지길 바란다. 나의 삶이 행복으로만 점철되길 바란다. 그래서 불행을 없애려 한다. 행복이 없어지는 줄 모르고.

. . .

깨달음은 추구하는 것이 아닙니다. 진리는 얻는 것이 아닙니다. 깨달음은 이미 존재하는 것임을 아는 겁니다. 지금의 내가 노력을 통해 더 나아진 나로 변화하는 것이 아니라, 지금의 내가 이미 있는 그대로 완전한 존재임을 아는 것입니다. 그 과정이 마음공부입니다. 노력해서 얻는 것이 아니라 이미 존재함을 아는 것입니다.

얻는 것은 사라집니다. 노력해서 소유한 것은 노력 없이 사라집니다. 그것은 진실이 아닙니다. 진리는 더더욱 아닙니다. 진리는 항상 존재하는 것입니다. 늘 존재하기에 사라지지 않습니다. 내가 그런 존재입니다. 우리가 이미 진리입니다. 지금 여기 있는 그대로 우리는 완전합니다. 그것이 깨달음입니다.

일상이 영성입니다. 삶이 진리입니다. 그것을 아는 것이 깨어나는 일입니다. 그 앎이 삶으로 펼쳐집니다. 명상하고, 수행하고, 공부하는 이유는 하나입니다. 명상하고 수행하고 공부하기 이전의 삶도 완전함을 알기 위함입니다. 마음공부를 통해 더 많은 영성 지식을 쌓고, 정보의 질을 높이기 위해서가 아닙니다. 오히려 지식과 정보를 보는 눈을 변화시키기 위해 우리는 공부를 합니다. 더 정확히는 눈앞에 안경을 벗어버리기 위해서입니다. 이원성의 안경을 벗고, 분별하고 판단하는 언어의 세상을 벗어나 나와 세상을 있는 그대로 허용하기 위해서입니다. 여러분은 이미 그런 존재입니다.

슬퍼지려 하면 슬퍼지세요. 화가 나면 화를 내세요. 공허함이 몰려올 때 공허하세요. 허무감에 빠지시고, 무력감에 무력해보세요. 나에게 올라오는 감정들은 자신의 역할을 할 뿐입니다. 그 역할을 다하면 곧 사라집니다. 아이의 자리는 늘 비어 있기 때문입니다.

나와 동일시된 감정에 머물러보세요. 온전히 그 감정에 젖어보세요. 인생의 루저 같은 느낌이 든다면 온전히 그 느낌과 하나가 되어보세요. 초라하고 보잘것없는 자신의 모습에 온전히 머물러보세요. 가만히 눈을 감고 그 모습과 하나가 된 나의 이미지를 아이의 눈으로 바라보세요. 그러면 알게 됩니다. 그 루저의 온전한 느낌 속에 놀랄 만큼의 고요함이 있습니다. 고요하고 평화로운 느낌이 있습니다. 은은한 지복감도 나타납니다. 아이의 자리는 늘 비워지고 또 다른 감정으로 채워지기 때문입니다.

그 느낌을 간직한 채 눈을 떠보세요. 루저의 느낌을 허용하고 하나가 될 때, 여러분의 삶에 루저는 펼쳐지지 않습니다. 그냥 흘러갈 뿐입니다. 루저를 거부하고 저항할 때, 그 바이브는 여러분의 관념에 각인됩니다. 아이의 내면에 인이 박인 루저의 느낌은 삶에서 늘 반복됩니다. 루저의 삶이 펼쳐지는 이유입니다. 아이의 관념이 세상에 펼쳐지고, 그 바이브가 루저의 감정을 만들기 때문입니다. 삶은 허용할 때 흘러가고, 거부할 때 각인됩니다.

우리 모두는 '지금의 나'보다 '더 나은 나'로 살길 원합니다. 원하는 삶이 펼쳐지길 기도합니다. 하지만 세상은 그렇게 잘 드러나지 않습니다. 지금의 나를 받아들이지 않기 때문입니다. 현재의 나를 허용하지 않기에 미래의 나도 허용할 수 없습니다. 하지만 지금의 나를 있는 그대로 받아들일 때 미래도 끌어당길 수 있습니다. 원인이 있어야 결과가 있고, 지금은 결과에서 펼쳐진 과정이기 때문입니다. 원인, 과정, 결과를 모두 허용할 때 결과도 드러나는 것입니다. 그것을 아는 것이 마음공부의 핵심입니다.

지금 여기, 여러분은 이미 완전합니다. 여러분이 그토록 원했던 미래가 지금으로 펼쳐지고 있습니다. 삶은 노력해서 올라가는 것이 아니라, 이미 완전함으로 드러나 있습니다. 이미 완전한데, 완전해지려고 공부하고 있습니다. 뭔가 채워지지 않는 갈증에, 마음의 미진함에 영성을 찾고 수행을 하고 있습니다. 수행을 통해 삶의 틈을 벌리다 보면 결국 360도를 돌게 됩니다. 자신의 자리로 돌아옵니다. 그제서야 알게 됩니다. 마음공부를 하기 전 '날 것의 완전함'을 아는 것, 이것이 깨달음입니다. 노력을 통해 얻는 것이 아닙니다. 노력 전에도 완벽한 존재입니다. 여러분은 이미 그런 존재였습니다. 말씀드렸죠? 튜닝의 끝은 순정입니다.

06

개처럼 Like a Dog

"2021년 한국 반려동물 보고서에 따르면 국내 반려 가구는 604만 가구(2020년말 기준)로 전체 가구의 29.7%에 달하는 것으로 조사되었다. 반려인 수는 1,448만 명으로 추산되는데 2018년과 비교하면 1.5배 이상 증가했다. 이는 반려동물에 대한 인식 개선과 1~2인 가구의 증가, 저출산 및 고령화 등으로 반려인구가 점점 늘어가는 것으로 파악된다."

얼마 전 보도된 뉴스 내용이다. 반려인구가 1,500만에 이르렀다. 어딜 가나 반려견과 산책하는 모습을 볼 수가 있다. 내 주변에도 반 이상이 반려 가구다. 강아지를 자기 자식이라 말하는 모습이 이제 어색하지 않다. 자식처럼 안아주고, 같이 밥도 먹고, 잠도 같이 잔다. 용변도 치워주고, 먹을 것도 챙겨주며, 가끔 드라이브도 함께한다. 결혼한 내 친구는 자기보다 집에서의 서열이 더 높다고 푸념한다. 대부분의 남편 처지다. 남편의 아침은 챙겨주지 않더라도 반려견은 굶기지 않는다. 한국인의 반려견 사랑은 대단하다. 전국민의 반려인 시대도 도래하지 않을까 생각해본다.

가끔 개를 보면 드는 생각이 있다. 개는 정말 행복해 보인다. 개는 먹고 싶을 때 먹고, 싸고 싶을 때 싸고, 자고 싶을 때 잔다. 밥 먹을 때는 그 무엇보다 맛있게 밥을 먹고, 잠을 잘 때는 그 무엇도 신경 안 쓰고 자며, 싸고 싶을 때는 다리를 '척' 하니 들고 마음껏 싼다. 세상 부러운 존재다.

우리는 개처럼 살지 못한다. 개처럼 충실하게 하루를 보내지 못한다. 밥 먹을 때 업무 생각을 하고, 스마트폰 없이 화장실을 못 가며, 스트레스로 불면에 시달린다. 먹고 싸고 잘 때조차 우리는 거기에 온전히 시간을 보내지 못한다. 늘 고민과 불안에 시달린다. 일 생각에 밥맛이 없고, 스마트폰이 없으면 변비에 시달리고, 수

면제 없이 잠을 못 이룬다. 그렇다고 일할 때 일에 집중하지도 않는다. 일할 때는 점심 메뉴 생각을 하고, 스마트폰을 보면서 TV를 시청한다. 업무를 마감하고 잠자리에 누워도 내일의 일과를 생각한다. 개처럼 온전히 그 시간을 보내지 못한다. 지금 여기 펼쳐진 삶을 허용하지 못하기 때문이다. 열심히 사는 듯 보여도, 충실한 시간을 보내지 못한다. 두려움 때문이다.

에고의 본질인 두려움은 나의 밥 시간도, 화장실 시간도, 잠자리 시간도 가져간다. 온전히 그 시간을 허용하지 못하게 만든다. 여기의 시간에 저기의 시간을 채워놓는다. 현재의 온전함을 부족함으로 바꾸고, 나의 시간을 타인의 판단으로 채운다. 지금 이대로 완전한 나를 미래의 불확실성에 옮겨놓는다. 그래서 우리는 늘 불안한 것이다. 늘 부족해 보이는 이유다. 두려움의 본질이 항상 드러나게 된다. 그래서 에고는 늘 두렵다.

나는 요즈음 개처럼 산다. 기쁠 때 기쁘고, 슬플 때 운다. 즐거울 때 실컷 웃고, 우울할 때 완전히 우울해진다. 누군가 미워질 때 한없이 미워해보고, 누군가 좋아질 때 원 없이 사랑해본다. 삶의 허무감이 밀려올 때 그 허무감에 빠져보고, 인생의 무력감이 느껴지면 무력해본다. 밥 먹을 때 이보다 맛있는 게 있을까 할 정도로 맛있게 먹고, 술 마실 때는 늘 취한다. 잠잘 때는 꿀잠을 자고, 일할 때는 미친 듯이 일한다. 새벽에 일어나 집필을 하고, 오전에는 땀을 흘리며 필라테스를 한다. 개처럼 충실한 하루를 보내려 한다. 지금 이 순간을 충실히 보내는 것이 과정을 허용하는 방법이기 때문이다. 그 깨달음이 나를 자유롭게 해주었다. 생각의 집착에서 벗어나 삶이 펼쳐지는 모든 드라마를 허용하기 시작했다. 생각에 집착하지 않고, 감정을 잡으려 하지 않았다. 행복이 다가오면 행복을 즐기고 행복을 잡으려 하지 않았다. 불행이 다가오면 불행해보고 거부하지 않았다. 생각을 바라보고, 감정을 즐기기 시작했다. 허용할 때 모든 것은 사라지기 때문이다. 물살을 거스리지 않을 때, 삶은 관념대로 펼쳐지기 때문이다.

생각, 감정, 느낌은 늘 우리와 함께하고 있다. 하지만 그 모든 것은 왔다가 사라진다. 흘러가고 있다. 나와의 동일시를 통해 지금의 현실에 드러나고 있지만, 그 동일시에 머무르지 않는다. 이내 사라진다. 그 모든 것이 펼쳐지는 아이의 자리는 늘 비어 있기 때문이다. 그 자리는 무엇에도 물들지 않는다. 그 무엇도 집착하지 않는다. 그렇기에 늘 새로운 생각, 색다른 감정, 또 다른 느낌이 그 자리를 채우게 된다. 우리가 항상 행복하지 않고, 계속 불행하지 않은 이유다.

인간은 생각을 통해 눈부신 발전과 인류의 문화를 꽃피웠다. 하지만 생각은 생각의 부작용을 낳았다. 그 부작용은 우리의 시간을 앗아갔다. 생각은 시간을 허용하지 못하고, 시간을 판단하게 만들었다. 생각하고 분별하고 선택하게 만들었다. 밥을 허용하지 못하고, 걱정을 생각하게 했다. 잠을 허용하지 못하고, 불안을 선택하게 했다. 생각은 우리의 눈을 가리고, 세상의 진실을 가렸다. 지금 이대로 완전한 삶을 생각을 통해 불완전하게 만들었다. 있는 그대로에 머물지 못하고, 더 나은 미래를 꿈꾸게 만들었다. 지금과 미래를 비교하고 여기를 버리고 저기를 선택하게 했다. 그곳에 꿈과 희망이라는 꼬리표를 달게 했다.

우리는 그곳에서 파랑새를 찾고 있다. 현실보다는 더 나은 미래가 있을 것 같다. 하지만 그곳에 파랑새는 없다. 아무리 파랑새를 찾아보아도 그곳에 파랑새는 없다. 파랑새에 대한 집착만 있을 뿐이다. 지금이 과거에 내가 그토록 원했던 미래인 것이다. 지금 그 집착이 사라졌을까? 그렇지 않다. 그러면 미래도 마찬가지다.

그렇다면 이곳에는 있을까? 여기를 둘러봐도 파랑새는 없다. 파랑새는커녕 초라하고 보잘것없는 현실만 있을 뿐이다. 그럼 파랑새는 없는 것일까? 아무리 노력해도 파랑새를 찾을 수 없는 것일까? 파랑새는 찾는 것이 아니다. 파랑새는 이미 있는 것이다. 파랑새를 찾으려는 노력에서 벗어날 때 우리는 파랑새가 된다. 파랑새에 대한 집착을 버릴 때 세상은 파랗게 변한다. 생각, 판단, 집착의 안경을 벗을 때 이미 세상은 파란색이었음을 알게 된다. 깨달음은 자유로워지는 것이다. 생각으로부터의 자유, 판단으로부터의 자유, 집착으로부터의 자유. 이 자유로움에 진리가 있다.

· · ·

가을이 지나 겨울의 문턱에 서 있습니다. 이곳 서울숲에도 낙엽이 떨어지고 있습니다. 스치는 바람이 매섭습니다. 곧 영하의 날씨가 이어질 것 같습니다. 포메라니안 한 마리가 제 앞을 지나갑니다. 뽀송뽀송한 털 사이로 온기가 퍼지고 있습니다. 그 온기에 제 마음마저 따뜻해집니다.

사람이 개보다 나을까요? 우리가 개보다 자유로운 삶을 살고 있을까요? 우리는 개보다 즐겁고 행복한 인생을 살고 있을까요? 생각을 하고, 언어를 쓰고, 장비를 구하고, 따뜻한 집을 얻었지만, 우리는 늘 두려움에 갇혀 있습니다. 늘 행복을 추구하고 있습니다. 불행하기 때문입니다. 추구의 전제는 결핍입니다. 늘 불행의 감정에 사로잡혀 있기에 우리는 행복해지려고 합니다.

행복해지려 하지 말고 그냥 행복하세요. 그냥 행복하면 됩니다. 무엇을 가져야만, 어디를 가야만, 어떤 위치에 있어야만 행복한 것이 아닙니다. 그냥 행복하면 됩니다. 조건에 의존한 행복은 조건이 있어야만 행복합니다. 조건이 사라지면 불행해집니다. 그 조건, 판단, 생각을 내려놓고 행복해보세요. 그러면 행복해집니다. 뭔가 모르는 불행에 사로잡혀 있나요? 그렇다면 불행해보세요. 불행을 거부하지 말고, 저항하지 말고 그냥 불행해보세요. 미워하고, 싫어하고, 슬퍼하고, 울어보세요. 그 불행의 시간 속에도 놀랄 만큼의 고요함이 있음을 알게 될 겁니다. 그곳에 머무를 때 우리는 아이ⓘ를 만나게 됩니다. 그러면 곧 비워집니다.

삶의 희로애락을 거스르지 말고, 흐르게 하세요. 여러분의 삶은 제 방향으로 흘러갈 겁니다. 과정을 허용하는 힘을 통해 삶의 변화를 느낄 수 있습니다. 그 작은 변화 속에 기적이 있습니다. 시공간의 펼쳐짐 속에 미래가 당겨집니다. 그 미래를 인식한 채 충실하게 하루를 펼쳐보세요. 곧 알게 될 겁니다. 미래의 그곳이 바로 여기에 있음을.

브리딩 Breathing

아침 8시. 필라테스 선생님이 방문한다. 나는 일주일에 세 번 정기적으로 필라테스 수업을 받고 있다. 아침을 깨우는 필라테스가 출근 전 루틴이 되고 있다. 몸이 깨어나면 머리도 깨어난다. 머리가 깨어나면 아침이 개운해진다. 마음도 가벼워진다. 가벼워진 마음은 굿 바이브로 채워진다. 미소를 머금은 채 출근한다.

50분의 필라테스는 내 몸과의 전쟁이다. 평소 잘 쓰지 않는 근육을 쓰다 보니, 자세는 어정쩡하고, 다리는 펴지지 않는다. 무릎은 구부려진 채로 덜덜덜 떨고 있다. 목에 힘이 들어가고 허리 통증이 시작된다. 내 몸이 내 몸처럼 느껴지지 않는다. 그때 선생님이 한마디 툭 던진다. "숨 쉬세요." "회원님, 숨 쉬세요." 그 말에 긴장한 복근에 힘이 빠진다. 멈췄던 숨이 내뱉어지면서 몸의 긴장도 빠져나간다. 뻣뻣했던 목이 펴지고, 허리 통증도 사라진다. 허벅지 햄스트링이 이완되고 떨고 있던 무릎도 조용해진다. 그러면 내 몸이 친근해진다. 한 번의 호흡으로 나는 내 몸의 주인이 된다. 긴장이 풀리면서 움직임이 자연스러워진다. 다시 몸을 움직여본다. 그제야 알게 된다. 몸이 이완될 때 몸을 잘 쓸 수 있다. 마음도 마찬가지다.

어릴 때 시냇가에 놀러 간 적이 있었다. 작은 그물을 가지고 갔다. 친구와 함께 물고기를 잡았다. 시냇가의 물고기는 그물망보다 작았다. 절대로 잡을 수 없었다. 그 물고기를 손으로 잡으려 했다. 그물로 잡을 수 없는 물고기를 손으로는 더더욱 잡을 수 없었다. 손으로 움켜쥐려 할수록 물고기는 손 밖으로 빠져나갔다. 너무나 얄미웠다. 더 빨리 손을 쥘 수 없는 내가 답답했다. 그러다 손을 폈다. 움켜쥔 손을 펴고 가만히 있었다. 간질간질한 시냇물이 나의 손을 흔들었다.

손가락 사이로 지나가는 시릿한 진동이 느껴졌다. 잡으려 할 때는 전혀 느끼지 못한 흐름이었다. 그 흐름은 늘 내 손을 지나가고 있었다. 세상의 흐름이었다. 내려놓고, 손을 풀었을 때 흐름은 나와 하나가 되었다. 어느새 물고기는 나의 손 안에서 춤추고 있었다. 집착을 내려놓고 흐름을 받아들일 때 물고기는 나와 함께했다. 시간이 지나서 알게 되었다. 세상 모든 것은 이 흐름과 관계된다는 것을.

세상은 아이의 이미지와 바이브의 표현이다. 심층 무의식에 각인된 관념의 현현이다. 그래서 세상은 홀로그램인 것이다. 세상은 의식이 만든 신비로운 현상일 뿐이다. 실체가 있는 단단한 세상이 아니라 환영이 지배하는 말랑말랑한 세상이다. 그 속에 우리가 존재하고 있다. 아이가 인식하는 인식의 대상으로만 존재하고 있다. 아이의 이미지가 세상으로 드러나고, 우리는 우리의 생각으로 그 이미지를 판단하고 있다. 그 판단이 이원성으로 작용하여 분별하고, 구별하게 된다. 비교하고, 선택하는 우리의 삶이 펼쳐진다. 그 선택이 삶의 전부인 양 착각하며 살고 있다.

우리는 '내가 살고 있다'는 망상 속에 나의 의지로 인생을 선택하려 한다. 삶의 주인공이 나라는 착각은 꿈속의 개가 꿈의 주인공이라는 착각과 동일하다. 세상의 나와 꿈속의 개는 모두 인식의 대상일 뿐이다. 아이에게 관찰되는 대상일 뿐이다. 하지만 에고는 거부한다. 에고는 내가 세상의 주인임을 주장한다. 인식의 주체가 자기라 주장한다. 그래서 나를 설득하고 망상에 빠지게 만든다.

삶이라는 꿈에서 깨지 못하게 우리의 눈을 가리고 이원성의 쾌락을 선물한다. 그 욕망에 집착하게 만든다. 그 욕망을 우리는 꿈꾸고 있다. 아담은 깨어나지 못했다. 성경의 어느 구절에서도 잠이든 아담이 깨어났다는 문장을 찾을 수 없다. 우리는 꿈속에 있다.

깨달음, 진리, 도의 본질은 하나다. 깨어나는 것이다. 그 전제는 무얼까? 바로 자고 있음을 아는 것이다. 꿈꾸고 있음을 아는 것이 깨달음의 본질이다. 석가가 이야기한 "세상은 환영이다."라는 말이 진리의 정수다. 그 환영 속에 내가 존재한다. 그 존재의 느낌을 나는 호흡을 통해 느껴본다. 아이와의 만남은 호흡을 통해 이루어진다. 나는 이 호흡을 '브리딩'이라 부른다. 일상의 호흡을 바라보는 호흡, 나는 브리딩을 통해 또 다른 나를 만나게 된다.

브리딩의 시작은 눈을 감는 것부터다. 일상에서, 일터에서, 책상에서, 지하철에서, 어디서나 시작할 수 있다. 브리딩은 시골이나 산속이나 어디 조용한 곳에서 하는 게 아니다. 그 어디서나 할 수 있다. 눈을 감고 편한 자세를 취해본다. 몸을 이완시키고 호흡해본다. 코에 몰입하고 코로 들어가는 숨을 살펴본다. 호흡이 들어가고 나가는 모습을 지켜본다. 코로 들어온 숨이 폐를 지나 뱃속 깊숙이 퍼져나간다. 그 모습을 가만히 지켜본다. 잡생각이 올라오고, 다시 목이 뻣뻣해져도 상관없다. 그저 호흡만 지켜본다. 나의 숨을 관찰한다. 10초, 20초, 30초.

어느 정도 시간이 지나면 알게 된다. 내가 관찰하고 있는 그 호흡은 내가 하는 것이 아니다. 호흡은 스스로 일어나고 있다. 나의 의지와 무관하게 스스로 작동하고 있다. 나는 그것을 지켜보는 관찰자일 뿐이다. 호흡은 '내'가 아닌 '나'의 몸 밖에서 일으키고 있다. 호흡은 하는 것이 아니라 일어나는 것이다. 내가 이 몸을 가지고 호흡하는 것이 아니라 나의 몸 밖에서 누군가 호흡을 일으키고 있다. 나의 생명은 내가 일으키는 것이 아니라 내 몸 밖에 생명의 근원이 있음을 알게 된다.

그것이 아이다. 그것이 아이의 의식이고, 아이의 인식이다. 나와 세상은 아이의 인식 안에 존재하는 의식의 현현일 뿐이다. 물고기를 키워보면 안다. 어항 속 물고기는 자신이 생명의 근원이라 생각한다. 어항 속 유일한 생명은 자신이라는 생각이다. 하지만 어항 속 생명 에너지는 물고기에 있는 것이 아니다. 물고기를 감싸고 있는 물에 있다. 어항 속 물을 비우면 물고기는 살아갈 수 없다. 하지만 물고기 없이도 물은 늘 살아서 존재한다.

우리는 아이의 의식 안에서 살고 있다. 눈에 보이는 이 모든 세상이 아이의 마음속 공간이다. 그 속에서 우리는 삶을 펼쳐내고 있다. 사실 삶은 저절로 펼쳐지고 있다. 우리가 스스로 산다는 착각에 빠져 있을 뿐이다. 인생은 저절로 드러나고 있다. 그것을 우리는 인지할 뿐이다.

· · ·

여러분의 삶을 믿어보세요. 여러분의 아이를 믿으세요. 여러분의 삶을 믿을 때, 여러분의 삶은 자신의 길을 가게 됩니다. 그 삶을 거부할 때, 여러분은 고통받고 괴로움의 시간을 보내게 됩니다. 여러분의 아이는 여러분보다 위대합니다. 전지하기에 전능합니다. 아이에게는 모든 것이 인식된 것입니다. 그래서 나라는 에고는 늘 과거만을 인지하게 됩니다. 우리 눈에 보이는 모든 것이 이미 완료된 과거의 이미지인 이유입니다. 신이 전지전능한 이유는 하나입니다. 모든 것을 보았기 때문입니다. 그에게는 모든 것이 과거입니다. 그래서 모든 것을 할 수 있습니다. 그 신이 바로 아이입니다. 그리고 그 아이가 우리입니다.

　겨울이 다가오고 있습니다. 코끝을 스치는 바람이 매섭습니다. 귓불도 아파오는군요. 어릴 적에 저는 겨울이 너무 싫었습니다. 겨울은 가난의 계절이었습니다. 가난할 때 맞이한 겨울은 너무나 혹독했습니다. 화장실에 따뜻한 물이 나오지 않아, 냄비에 물을 끓여 세안을 했습니다. 그 물로 머리도 감고 발도 씻었습니다. 마지막 헹굴 때는 어쩔 수 없이 찬물로 해야 했습니다. 그 찬물의 잔혹함을 잊을 수 없습니다. 영하의 찬물은 머리를 칼로 찢어냅니다. 가난의 느낌이었습니다. 어릴 적 가장 싫어하는 계절이 겨울이었습니다. 수영할 수 있는 여름이 늘 좋았습니다.

　이제 겨울이 다가오면 알게 됩니다. 겨울이 있어야 여름이 있습니다. 차가움이 있어야 따뜻함이 있습니다. 늘 한 가지만 선택하고, 그것과 있을 수 없습니다. 낮이 있어야 밤이 있습니다. 낮만 선택해서 산다면 하루는 존재할 수 없습니다. 차가운 겨울이 흘러가야 따뜻한 여름이 흘러옵니다. 낮이 저물어야 밤이 들어옵니다. 차가움이 물러날 때 따뜻한 온기가 스며듭니다.

　모든 것은 그렇게 흘러갑니다. 그 모든 것이 아이의 인식입니다. 그 인식 안에 나도 흘러갑니다. 여러분도 흘러갑니다. 무위자연의 삶. 노자가 이야기했습니다. 삶은 스스로 그러한 대로 흘러갈 뿐입니다. 나의 집착을 버리고 아이에게 맡겨보세요. 욕망의 집착을 버리고 브리딩하면서 지내보세요. 여러분의 손을 펼 때, 물고기도 다가올 겁니다. 삶을 믿을 때 알게 됩니다. 아이가 이 모든 것을 하고 있음을.

에필로그

람보르기니 타는 부처를 위하여

'람보르기니 타는 부처.' 책상에 붙여 놓았던 문구다. 나는 람보르기니 타는 부처가 되고 싶었다. 현실세계에서 경제적 풍요를 누리고, 또 다른 세계에서는 영적인 충만함에 머물고 싶었다. 돈도 많이 벌고, 부자로 성공하고 싶었다. 어릴 적 누리지 못한 부의 여유를 느끼고 싶었다. 그리고 또 다른 측면의 여유로움도 필요했다. 목마른 영혼을 위한 공부였다. 늘 갈증 나고 메마른 마음을 채우고 싶었다. 경제적으로 풍요롭고 영적으로 충만한 삶, 내가 꿈꾸던 모습이었다.

어릴 적, 입시의 부담을 덜기 위해 마음공부를 시작했다. 명상하고, 내려놓고, 아이를 만났다. 그러면 성적에 대한 불만, 시험에 대한 불안이 사라졌다. 마음이 고요해지고 평온하게 가라앉았다. 그러면 다시 펜을 들고 문제를 풀었다. 아이와의 만남 후에는 어려웠던 문제가 쉽게 풀렸다. 알 수 없는 힘에 끌려, 문제를 분석하는 시야가 넓어졌다. 생각의 폭도 커졌다. 30분 고민해도 풀리지 않던 문제가 명상 후에 1분 만에 해결되었다. 집중이 안 되고, 진도가 안 나갈 때마다 나는 아이를 만났다.

요즈음도 나는 아이와 자주 만난다. 아이와의 조우, '채널링'이라는 거창한 용어를 쓰지 않아도 아이와의 만남은 하루에도 몇 번씩 일어난다. 마음이 흔들리고 감정적 고통이 있을 때마다 나는 아이를 만난다. 나는 눈을 감고 아이는 눈을 뜬다. 그리고 그 감정으로 온전한 시간을 보낸다. 불안하고, 초조하고, 우울하고, 짜증 나고, 화나는 시간을 완벽하게 보내본다. 그러면 알게 된다. 어느새 그 자리는 비워지고, 빈 공간은 새로운 감정으로 채워진다. 그러면 나는 눈을 뜬다. 현실세계로 돌아와 나의 업무를 본다.

명상, 마음공부, 영성수련이 많은 사람들의 화두로 떠오르고 있다. 서점에 가면 수없이 많은 영성 관련 책들이 있고 인터넷에도 마음공부 카페가 넘쳐난다. 유튜브만 들어가도 명상, 수련, 영성 관련 키워드에 수백 개의 콘텐츠가 검색된다. 이른바 영성의 시대다.

과거에는 마음 수련과 관련된 지식이 몇몇 사람들에게만 공유되었다. 그들만의 것이었다. 소수의 사람들이 자신의 직관을 통해 아이의 세상을 접하게 되었다. 그리고 수련을 통해 삶을 펼치며, 영성을 실천하였다. 그리고 그 제자들이 가르침을 얻고 새로운 영성가로 명맥을 이어나갔다. 이들은 종교인으로 활동하기도 하고, 속세를 떠나 그들만의 삶을 보내기도 했다. 몇몇 사람들은 영성을 전달하는 스승으로 지내기도 했다. 하지만 그들의 활동과 가르침은 우리에게 쉽게 전달되지 못했다. 오히려 종교라는 집단적 모임에 의해 왜곡되고 축소되고 오염되었다.

종교적 이득을 위해 영성을 이용하기고 했고, 영성의 존재를 종교적 명분으로 삼기도 했다. 다른 종교를 배척하고 탄압하는 데 이용하기도 했다. 특히 유일신을 믿는 종교에서는 영성이 통치의 수단이었다. 영성을 이용해 정치를 하고, 신분 제도를 굳건히 하였다. 영성의 진리가 종교에 의해 오염된 것은 너무나 안타깝다. 다만 종교의 경전으로 불리는 책들이 우리에게 전달된 것은 커다란 축복이다. 그중 하나가 성경이다.

나는 요즘 성경을 다시 읽고 있다. 성경은 최고의 자기계발서다. 서점에 있는 자기계발서가 부와 성공, 풍요와 결핍을 다루고 있다면 성경은 나를 찾아주는 진정한 계발서다. 그래서 성경은 자아발견서다. 내 안에 진정한 아이를 발견해주고 그가 만들어내는 삶을 은유와 상징으로 묘사하고 있다.

"여호와께서 그에게 이르시되 두 국민이 네 태중에 있구나. 두 민족이 네 복중에서부터 나누이리라. 이 족속이 저 족속보다 강하겠고 큰 자가 어린 자를 섬기리라 하셨더라" – 창세기 25:23

"육에 속한 사람은 하느님의 성령의 일들을 받지 아니 하나니 이는 그것들이 그에게는 어리석게 보임이요. 또 그것들을 알 수도 없나니 그러한 일은 영적으로만 알 수 있기 때문이라" –고린도전서 2:14

"둘째 사람은 하늘에서 나셨느니라" – 고린도전서 15:47

"나와 아버지는 하나이니라" – 요한복음 10:30

"사람은 떡으로만 살 것이 아니요, 하느님의 입으로부터 나오는 모든 말씀으로 살 것이다" – 마태복음 4:4

성경에도 묘사되고 있다. 세상에는 두 명의 나가 있다. 이곳에 태어난 나(I)와 하늘에서 태어난 아이(i), 이 둘은 늘 나와 함께하고 있다. 에고인 나는 '몸이 나'라는 착각 속에 욕망을 불태우고 떡을 지키기 위해 살아가고 있다. 하지만 세상은 내가 만드는 것이 아니다. 아이에 각인된 이미지와 바이브가 삶을 펼쳐내고 있다. 그 이미지는 하나의 규정으로 드러난다. 하느님의 말씀처럼 아이의 관념은 우리의 현실에 투사된다. 여러분도 알게 될 것이다. 내가 아이임을. 나와 아버지는 하나이듯, 나와 아이는 이미 하나로 존재한다. 내가 아이다.

나는 이 깨달음을 얻는 데 25년의 시간을 보냈다. 진실은 단순했다. 나와 아이가 있음을 알고 내가 아이임을 아는 것. 아이의 인식이 세상에 펼쳐지고 나는 인식의 대상이라는 것. 나는 무아고 세상은 연기라는 것. 그게 전부였다. 그 깨달음이 나를 자유롭게 만들었다.

여러분 세상에도 곧 드러날 것이다. 깨달음은 멀리 있는 것이 아니다. 바로 여기, 눈앞에 있다. 그것도 있는 그대로의 모습으로 하고 있다. 20살 재수생인 나에게도 아이는 늘 같이 있었다. 가진 것 없고, 초라하고, 초조한 재수생의 시간도 의미와 가치가 있는 시간이었다. 그 시간이 있었기에 지금의 내가 있는 것이다. 그 사실을 그때도 알고 있었다. 그래서 불안했지만 그 불안에 잠식당하지는 않았다. 흔들렸지만 포기하지 않았다. 불안하고 우울하고 답답한 현실이 펼쳐졌지만, 그 또한 지나감을 알고 있었다. 아이의 자리는 늘 비워졌고, 그 자리는 또 다른 이미지로 채워짐을 알았기 때문이다.

· · ·

우리는 보다 나은 미래를 위해 마음공부를 합니다. 저도 그랬습니다. 하지만 마음공부는 지금의 현실이 이대로 완벽함을 알 때 끝이 납니다. 더 나은 저곳을 위해 공부하지만, 초라한 이곳이 완전함을 아는 게 전부입니다. 그때 비로소 자유로워집니다. 그러면서 삶이 변하게 됩니다.

여러분이 원하는 인생을 꿈꾸고, 아이의 인식을 바꾸어갈 때, 삶은 적절한 시기에 적절한 모습으로 드러납니다. 삶을 믿으십시오. 아이를 믿으세요. 저도 그랬습니다. 지금도 그렇게 하고 있습니다. 중생으로 살기도 하고 보살로 살기도 합니다. 좀비로 살기도 하고 깨어난 좀비로 살기도 합니다. 늘 그 자리에 머물 수 없습니다. 깨달은 자리에 집착하지 마세요. 그 집착은 또 다른 관념의 표현임을 잊지 마세요.

마음공부를 마친 사람도 절대 좀비에서 벗어날 수 없습니다. 그도 결국 무의식의 좀비이기 때문입니다. 부처도 그곳은 갈 수 없습니다. 그도 부처라는 이름의 좀비일 뿐이었습니다. 그것이 깨달음이었습니다. 저도 또 다른 이름의 좀비일 뿐이었습니다.

하루가 저물어갑니다. 일을 마치고 집으로 돌아오는 길, 서울숲의 단풍이 가을 저녁을 수놓고 있습니다. 그 속을 지나고 있습니다. 성수동 갈비 골목에서 친구와 저녁 식사를 하기로 했습니다. 숯불에 익고 있을 갈비 생각에 기분이 좋아집니다. 40년 전 부산에서 알게 된 동생입니다. 그 친구와 같이 신문 배달하던 모습이 떠오릅니다. 그때도 골목 골목에 단풍나무가 있었습니다. 아련한 추억이 스쳐 지나갑니다. 그 추억과 함께 즐거운 저녁을 보낼 것 같습니다. 노란색 신호등에 잠시 길을 멈췄습니다. 노란색 단풍나무가 저를 향해 손을 흔들고 있습니다. 그 환호 속을 지나 저는 달리고 있습니다. 굿 바이브를 간직한 채. 노란색 람보르기니를 타고.